魅せる服
ファッションコミュニケーション

髙田敏代

Fashion Communication

Takada Toshiyo

東方出版

はじめに

あなたは、少しいい服を着ることで心が引きしまったり、歩く姿勢が変わったりすることはありませんか。

私は、食べることも、お酒を呑むことも大好きです。その結果「中年太り」と呼ばれるスタイルになっている？　否定はしませんが、そんな私が大切なプレゼンテーションやセミナーを目前にした二週間前ともなると、戦闘服たる服を新調するのが、なかばお約束になっています。買う服は颯爽としたキャリアウーマンが着る、シンプルかつマニッシュなスーツです。「ちょっと体を引き締めなきゃ、かっこよく着こなせないな……」とサイズやデザインを選びます。そして、その戦闘服を着てプレゼンテーションを成功させている自分を、日々イメージしてその日に備えていきます。

そうすると不思議にも、日を追うごとに企画書の内容がどんどん整理され、おまけに、なぜか体脂肪までどんどん燃焼されていき、プレゼンテーション当日には新調したスーツが気持ちにも体にも心地よくフィットしているのです。そしてイメージ通りのプレゼンテーションができている……。こんな経験を私はいままで何度もしてきました。

でも、ほんとうに服を変えるだけでそんなにうまくいくものだろうか？　そう疑う方も少なからずおられるでしょう。

昔、知人の男性に「どうしてボクはモテないんでしょう？」と、相談されたことがありました。彼は、いわゆるアニメオタクでゲーマー、ファッションも基本はアーミールックと、いかにもオタクのファッションでした。私は、彼に二〇万円を持って某セレクトショップに行くように言いました。ショップの店長には彼にあらゆるおしゃれの法則を伝授してくれるよう頼みました。そして、彼はジャケットの選び方から、シャツの裾出しのバランス、パンツのロールアップの仕方、靴やバッグの合わせ方に至るまで細かなアドバイスを受け、美容院も紹介してもらったのです。結果は、メンズ雑誌のモデルのようなファッショニスタに大変身です。

いままで「地味なオタク」としか見ていなかった周囲の人の、彼への接し方が少しずつ変わっていきました。何より、彼自身もファッションに興味を持つようになり、アニメやゲームだけではない会話が増えてオタク仲間以外の友人ができ、可愛い彼女をゲットしたようです。

「おしゃれなのに、アニメやゲームにも詳しい、意外性のあるおもしろい人」。それが、変身後の彼への評価でした。彼がオタクファッションだったときは近寄ってくる人もオタクの人ばかりでしたが、おしゃれになったことで第一印象から受けるイメージが変わり、いままで彼のまわりにあった「オタク」という壁がなくなって新しい世界と人間関係が広がりました。

いかがですか？　あなたにもそんな経験はありませんか？　たとえば、学生時代はジャージファッションだった同級生の男の子と卒業後に街で会ったとき、ビジネススーツ姿がスマートで、胸がキュンとなったことはないでしょうか。人がどれほど見た目に影響されているか、少しわかっていただけたでしょうか。

ファッションを学び、ちょっと自分の意識を変えるだけで「なりたい自分」になることができます。これまでの世界や人間関係を広げることもできるのです。

人は、服を着ることで顔以外の九割がファッションで覆われています。「なぜ、その服を選んだの？」「なぜ、その服を買おうと思ったの？」「なぜ、その服を今日着たいの？」ファッションには、意識していてもいなくてもその人の気分や感情、「自分をこう見て欲しい」思惑、「こうありたい」願望などが映し出されています。つまり、服はコミュニケーションのツール、そして着方はコミュニケーションの技術です。人は知らず知らずのうちにファッションでコミュニケーションをはかっているのです。

情報やモノが豊かに溢れる現在、「自分を伝える」ファッションを表現するヒントはたくさんあります。

ここで大切なことは、自分の外側だけを意識した服の着方ではなく、内側を意識した服の着方を知ることです。この本では、人生のさまざまなシーンで成功するために知っていてほしい戦術・戦略を持った服の着方を語っていきたいと思っています。ファッションとは時代の流れとともに移ろうあいまいなものです。上手に付き合っていく知識と技術があれば、大きな味方になってくれます。

私がこの本でお伝えしたいことは、ファッションがあなたを語っているということ、ファッションでなりたい自分になれるということです。

私は、三〇年にわたりファッションマーケティングの仕事を生業にしてきました。ファッション業界のメーカーや小売業など、さまざまな企業の商品開発や人材育成に関わってきました。そしてこの本で、これまで私が学んださまざまな「コミュニケーション心理学」と「ファッションコーディネーション」のノウハウを融合させた「ファッションコミュニケーション」の考え方を発信したいと考えています。

好みのファッションや「私にはコレが似合う」もしくは「コレは似合わない」といった思い込みをいったん横において本書をお読みください。そして、「なりたい自分」「もっと素敵に輝く自分」に出会うファッションを知り、服の着方で対話する技術を身につけるお手伝いができれば、とても幸せです。

さあ、ときに強く、ときにエレガントな、いままでとはちがった自分に出会う冒険の旅へ出かけましょう。

●目次

第3章　成功に導くファッション　37

第4章　五感とプラスワンを駆使する　55

第5章　美人をあきらめていませんか　70

第8章　コンプレックスとファッションコーディネーション　132

――「人は見た目が9割」と言いますが

第9章　ミニマルに生きると、すべてが身軽になる　159

第1章　ファションってなに

服を着るということ

人は、いつから服を着るようになったのでしょうか。

進化の過程で、人は衣服を身につけるようになりました。コロモジラミという人の衣類に寄生するシラミの研究から、およそ七万年前くらいではないかという説があります。世界中の考古学者たちが、より古い服飾類の遺物を手がかりに研究しています。

衣服の起源は未だにはっきりとはわかっていません。繊維などは時間を経ると朽ち果てて痕跡が残らず、衣服が化石として発掘されるケースはほぼ無いためです。

人が服を着るようになった理由として、一般的にまずあげられるのは「気候の変化から身を守るため」「社会の中で自身の身分を他者に示すため」などでしょう。つまり実用や機能の面からの必要があって衣服を身につけるようになったと考えられます。

私は、もうひとつ「美しいファッションで着飾る心地よさ」も加えたいと思います。

二〇〇五年に国立科学博物館で「縄文VS弥生 ガチンコ対決!!」という特別展が開催されました。そこで紹介された縄文時代の衣服は、実におしゃれでした。黒に深紅の模様などをあしらった原色使いの服に、アクセサリーも多数。これら縄文ファッションには、現代と共通する美的感覚が見られます（もちろん、ここで紹介された衣服もいろいろな考証に基づく推論ではありますが）。

縄文時代後期の墓地が広がる北海道恵庭市カリンバ遺跡では、漆塗りの櫛や頭飾り、耳飾り、腕輪、腰飾り帯などの副葬品が多数見つかり、国内で初めて発見された漆製品も含まれていたそうです（恵庭市ホームページ参照）。装飾品には魔除けなどの意味があり、おもにシャーマン（呪術者、巫女、祈祷師）などの役目を持つ人物が身につけていたと考えられています。

弥生時代にはガラスが伝来し、ガラスを使った装飾品も作られるようになりました。衣服は、前述の「縄文VS弥生」展によると白や淡い色を基調としたファッションに変化しています。

身を守るためだけの服なら、模様をつけたりアクセサリーで飾る必要はないはずです。シャーマンたちが祭礼のために身につけたものだとしても、一般の人がシャーマンの服を見て「美しい」など、何らかの感情を持ったことでしょう。それはシャーマンたちが自分を表現するうえでも意図したことだったと思います。つまり、美を賞賛するという感性が縄文時代にはすでにあったのではないでしょうか？　人と衣服の関係は、縄文時代にはすでに確立されていたとも言えます。

次に、日本人と洋服との歴史をざっと見てみます。

男性の場合、軍服など制服を採用することから洋装化が始まったようです。一八六四年（元治元年）の長州征伐において幕府が西洋式の軍服を採用。その後、一八七一年（明治四年）に軍や官僚の制服を西洋風にすることを定めた天皇の勅諭が発せられ、警官・鉄道員・教師などが制服や洋服を着ることになりました。

明治時代に政府は西洋化政策において洋服の着用も奨励したそうですが、一般人には定着しませんでした。日本人が普段着として洋服を着るようになったきっかけは、太平洋戦争とも言われています。

一九二三年（大正一二年）の関東大震災、一九三二年（昭和七年）の白木屋（当時、日本を代表する百貨店であった）の高層建築物の大火災の惨状を契機に、動きやすい洋服を着る女性が少しずつ増えていったとも考えられます。一九二七年（昭和二年）には、日本橋三越で日本国内初のファッションショーが開催されます。当時はまだ着物が中心のファッションショーだったようです。ファッションショーへの関心は、一九三〇年代から徐々に広がったと考えられます。キュレーターの深井晃子氏の著書『パリ・コレクション』によると「日本でも一九五三年一一月、はじめてディオールのショーが東京会館で開かれた。これは文化服装学院が創立三〇周年記念に招聘した、一二人のマヌカンにより、約一〇〇点の作品を見せるショーだった」とあり一般的になるのは第二次世界大戦後の洋裁ブーム（一九五〇年代）以降であったようです。

第二次世界大戦後、アメリカをはじめとする欧米文化への憧れ、闇市で売られるアメリカの古着の購入、手入れのしやすさ、動きやすさなど、さまざまな要因が絡まり合い、洋服は広く一般女性に着られるようになります。職業婦人の象徴として受け取られていた時期もありましたが、やがて和服に替わって洋服が普段着として定着していったようです。第二次世界大戦の終戦は一九四五年（昭和二〇年）八月。一般的な日本人が洋服を着るようになったのはそれ以降とするなら、たかだか、七〇年ほどのおつきあいなのです。

服によって形成される社会的人格

服を使った言葉はいろいろあります。
・「身につけるもの」では衣服、制服、私服、平服、洋服、和服。
・「体や心に受けいれる」では服用、服膺《ふくよう》、頓服、内服、着服。
・「つき従う」では服従、畏服、敬服、感服、克服、征服。
・「つとめにつく」では服務、服喪、服役。
藤堂明保ほか編の『漢字源（改訂第五版）』によると、「𠬝は人に又（手）をぴたりとつけたさまを示す会意文字で、付（つける）と同じ。服は『舟＋音符𠬝』で、もと舟べりにぴたりとつける板（舟服）のこと。のち、からだにぴたりとつける衣（衣服）のこと」とあります。つまり「服」は、手で引き寄せ、そばにぴったりとくっつけた形を示し、そこから転じて、人のそばにつく＝服従の意味も持つようになったようです。

ナポレオンⅠ世の有名な名言のひとつは、「人はまとった制服のしもべとなる」。人は着ているものどおりの人間になるという意味です。実際、ナポレオンは自分が目をかけた部下には少し上の階級の制服を与えて人材教育をしたといわれています。古来より、服には人を動かす効果があるという考え方が存在していたわけです。

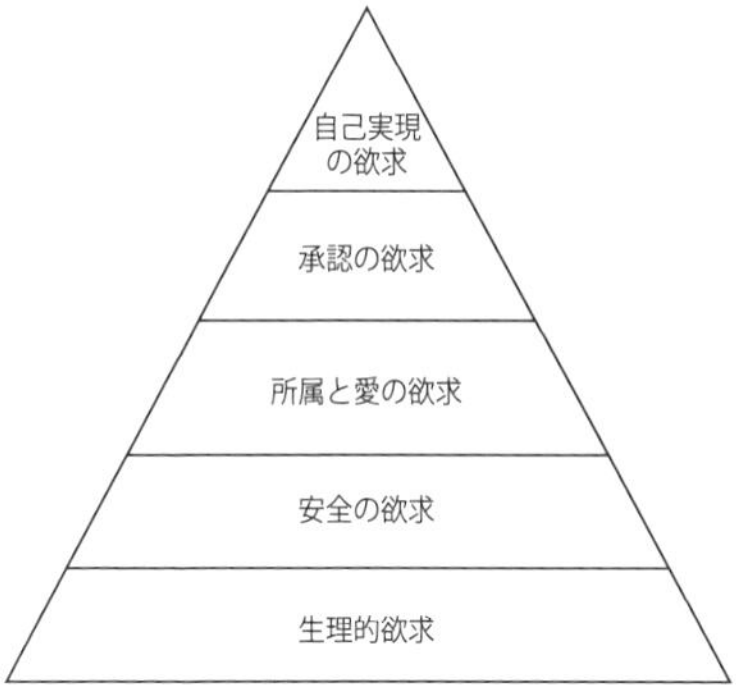

マズローの法則

心理学に「マズローの法則」または「マズローの欲求5段階説」と呼ばれる理論があります。人間の欲求は五つの段階からなり、生きる上で重要な要素が下から順にピラミッド状の階層をなしているというものです。最下層には「生理的欲求」があり、食欲・睡眠欲・性欲などがあげられます。ひとつ上の階層は「安全の欲求」で住居・衣服・貯金など。次が「所属と愛の欲求」で友情・協同・人間関係。さらに上が「承認の欲求」で他人からの尊敬・評価・昇進。最上層が「自己実現の欲求」で自分の潜在的能力を最大限に発揮して動かしたいと思うこと。

低下層の欲求が満たされたとき、人はさらに上の階層の欲求が満たされることを望むという人間心理を説明した理論です。

このマズローの法則を人間と衣服の歴史に置き換えてみてはどうでしょう。人間にとって本能的な欲求が満たされたとき、まず「寒さ・暑さ」などから身を守るために何かを身にまとうようになります。その後、自分がどの地域に属しているか、どんな仕事をしているかなどの区別のために服を着用。さらに、シャーマンや支配者たちなどが社会的な階級を示すために豪華絢爛な服を着るようになり、また軍服なども人々から尊敬を集める象徴的な意味を持っていきます。こんな流れを見ていると、服は人間の欲求に従って進化してきたようにも思えます。

そうであれば、現代人は潜在的能力が最大限に発揮できるような服を求めている……と、言えるのではないでしょうか。一人ひとりの能力は十人十色。他人と同じような服を着ていては、現実は何も変化しないのです。

ドレスコミュニケーション〜服は口ほどにものを言う

『人は見た目が9割』(竹内一郎著、新潮新書)という本が以前、話題になりました。「社会を支配しているのはノンバーバル・コミュニケーションである」とし、心理学や社会学など多彩な角度からノンバーバルコミュニケーションについて語られています。

「ノンバーバルコミュニケーション」(non-verbal communication) とは、言語以外の手段で行われるコミュニケーションのことで、非言語コミュニケーションとも言います。おもに心理学で使われる言葉です。

コミュニケーションの手段として人は言葉以外にも表情、言葉の抑揚、身振り・手振り、姿勢から服装なども用いています。これら非言語コミュニケーションは、人間関係において言葉以上に多くの役割を担っているとも言われています。「目は口ほどに物を言い」ということわざもあります。

非言語コミュニケーションを利用して成功した著名人のエピソードは、たくさんあります。たとえば、アメリカ十六代大統領のエイブラハム・リンカーンもそのひとりです。彼は雄弁家で演説は上手だったそうですが、小柄で貧弱だったため、見た目がいまひとつでした。あるとき、リンカーンはひとりの有権者女性からアドバイスをもらいました。「あなたのポスターに口ひげを書いてみたら、大統領にふさわしい風格が出ましたよ」。この言葉によって、リンカーンはひげを伸ばすことにしたそうです。

アメリカの心理学者レオナード・ビックマン氏の有名な実験があります。電話ボックスにコインのお金を置いておきます。電話ボックスに入った人に「ここにコインが置いてありませんでしたか?」と、ある人物にたずねさせます。コインの有無を訪ねる人物の身なりは二パターン。Aはきちんとしたスーツの紳士で、Bはヨレヨレで清潔感のない服装の男性です。実験の結果、Ａの人物に対しては八割の人が丁寧に対応してコインがあったことを教えてくれましたが、Ｂの人物に対しては七割の人が怪しんで、コインの有無についても教えてくれなかったそうです。同じ言葉を発していても、見た目の違いで人はまったく異なる情報を受け取ってしまうことが分かります。さて、今度、大切なミーティングがあるとき、あなたはどんなコーディネートで行きますか？

コミュニケーションツールとしての服

人はおそらく、自然環境の変化に対応するために衣服を身につけるようになりました。やがて、社会形成がなされると役割分担から社会的身分が生まれ、着用する衣服にも役割ができていきます。立場や身分を相手に伝えるコミュニケーションのツールとして服が利用されるようになったのです。

六〇三年、聖徳太子によって制定されたとされる冠位十二階は、役人の位を十二に分け、それぞれの冠の色を定めた制度です。冠の色を見れば、どんな立場の人でどんな役職の人か分かったので仕事もスムーズだったことでしょう。

制服など付加価値のある衣服は、他者に心理的効果を与えることができます。たとえば、医師の白衣や警察官の制服に対し、「この服を着ている人物は信頼に値する」という先入観を人は持ちます。これら、人に対していい印象を与える事例について、心理学では「ハロー（威光、後光）効果」と言います。

人は自分が思っている以上に視界からの情報に左右されています。そして、視界から入ってくる情報が心地いいものであるほど、その情報源にいい印象を持ちます。「高級な外車に乗っている」「美しい姿勢である」「字がきれいである」……。人対人の場合、「ハロー効果」のある衣服を活用することで人間関係の構築がよりスムーズになるはずです。

ファッションで夢は叶う!?

実は、私たちは常日頃から意識せずとも衣服の「ハロー効果」を利用しています。いわゆる「TPO」を意識した服装をすることです。良識ある社会人として、TPOを意識した服装をしなさいと教えられてきました。つまり、場所をわきまえた服装さえしていれば、それだけで「常識のある人だ」という好印象を持ってもらえるのです。服装が持つ効果をだれもがなんとなくは知っているわけです。

アメリカ・スタンフォード大学の心理学部で次のような実験が行われました。無作為に集められた被験者のうち、ほぼ同じ人数を看守役と囚人役の二つのグループに分けます。実際の刑務所を舞台にそれぞれの役割を、役割に合わせた制服を着て演じさせました。その結果、時間経過とともに、看守役は看守らしく、囚人役は囚人らしく、演技を超えた振る舞いをするようになったそうです。映画化もされるほど衝撃的な実験でした。この実験では、いろいろな人間心理が分かりましたが、衣服が人に与える心理効果の大きさもそのひとつです。制服を着ることで人は役割を意識し、その役割通りの行動をしようとする心理が無意識に働きます。まさに前述したナポレオンの名言のとおり、人はまとった制服のしもべとなったのでした。

この心理的効果を意識的に活用できれば、とてもいい処世術になります。これから会う人と自分はどんな関係を築きたいか。どんな印象を与えたいか。目的を達するために人に与えたい心理的効果を明確にすれば、着るべき服のテーマも見えてきます。たとえ、自分に自信が無くても、そこは「馬子にも衣装」。服の力を借りて自信を持った自分を演じきればいいのです。

人間心理と服の関係がいかに密接で複雑なものか。これから、じっくりと掘り下げていきたいと思います。

第2章　滑らかなコミュニケーションのために

わずか数秒で決まる人間関係

「第一印象が大切」と、だれもが思っています。ではその第一印象は、実際にはどれほどの時間で決まるのでしょうか。

スカンジナビア航空の社長ヤン・カールソン氏は次のようなことを言っています。「最前線の従業員の一五秒間の接客態度が、企業の成功を左右する。その一五秒を〝真実の瞬間〟という」(ヤン・カールソン著『真実の瞬間』ダイヤモンド社)。ビジネスの成功はお客さまの第一印象によって決まり、その第一印象は最初の一五秒間の接客で決まってしまうというのです。

人は「最初の四分間」で決定的な印象を作ってしまうと言われています(「ズーニンの法則」)。いずれにせよ、第一印象はわずか数秒で決まってしまうと考えても間違いではないようです。

なぜ人はこれほどまでに第一印象を気にし、振り回されてしまうのでしょうか。最初に覚えたり、触れたりした事柄は記憶や印象に残りやすいという人間心理を初頭効果(Primacy effect）と言います。物事の一番最初がインパクトを強く受け、記憶に残りやすいということです。身近な例をあげてみましょう。子どもの頃に初めて食べたピーマンがとても苦くて美味しくなかったとします。「ピーマンは苦くておいしくない！」と思った子どもはピーマン嫌いになり、以降、食事に出されたピーマンを残すようになります。そして大人になってもピーマンが苦手になってしまいます。相手とその日初めて会った時、相手に対する印象はわずか数秒で決まってしまっています。相手から自分が一度受け取った印象を変えるのは難しく、第一印象が良くないと、その後も良い人間関係にはなりにくいものです。だれもが経験したことがあり、大げさに言えば、その後の人生を大きく左右してしまうのが初頭効果です。

もうひとつ、怖い事実があります。実は人は、一度「こうだ！」と思うと、それを裏づける情報ばかりを選んで集めてしまう傾向があると言われています。つまり、自分の先入観に基づいて相手を観察し、自分の都合のいいようにしか相手を見ないのです。心理学では「確証バイアス」といいます。一度相手にネガティブなイメージを与えてしまったら、その後のおつきあいでポジティブなイメージに変換するのがむずかしいのはこのためです。

では、相手に良い印象を与えようと思ったら、初対面で何に気をつければいいのでしょうか。それはずばり「見た目」です。人の五感が外部からの情報を受け取るときの割合は視覚が八三パーセント、聴覚が一一パーセント、臭覚が三・五パーセント、触覚が一・五パーセント、味覚が一パーセントとする資料があります（『産業教育機器システム便覧』より）。私たちは主に目から入った情報で、いろいろな判断をしているというのです。

次に好印象を与えるコツについて、考えてみましょう。あなたがセミナーにひとりで参加しようとしていたとします。座席が自由に選べるとき、どのような席に座るでしょうか？　まず、会場内の空席をピックアップし、それぞれ隣にいる人を観察しませんか。そして「この人の隣であればＯＫ」と判断した席につくでしょう。この場合の基準には、おおむね、次のような理由があげられます。

まず「同じ女性（男性）だから」「同じくらいの年代だから」「同じような服装をしているから」など共通点がある人の選択。人は自分に近い要素を持った人には無意識に親近感を覚えます。たとえばテレビに出ている有名人の出身地や出身校が自分と同じだと知ると好感をもったり、それがきっかけでファンになったりした経験は多くの人が持っていると思います。有名人ではなくとも、あまり親しくなかった大学の同級生が同じ高校の出身だとわかったとたんに共通の話題が豊富になって会話が弾み、心理的距離感が近くなるというケースも珍しくありません。人は共感がもてる相手と一緒にいると心地良さを感じ、とても安心した気持ちになれます。その理由も脳の働きと深い関係があります。もともと脳は無意識のうちに安心した状態にとどまろうとする性質を持っていると言われます。共感を持ち、気を許した相手に対し「もっと話していたいな」「また、会いたいな」と思うのも、脳が引き起こす心理状態なのです。共通点以外の理由として考えられる「話しやすそうな人」「明るそうな人」「親しみやすそうな人」なども、安心感が得られそうな相手だと感じた脳がそれを好むからです。ほかには「ステキな人だから」「ちょっと自分のまわりにはいないタイプの人だから」という理由で判断する人もいます。この場合は相手に対する「興味」、好奇心ゆえの行動です。初対面の相手との間に「共通点」「安心感」「興味」などが見いだせた場合、心の距離は縮まり、コミュニケーションが取り易くなります。初対面で成功する上での大切なキーワードです。

最後に、付け加えておきたいのは日々の第一印象です。職場で、学校で、その日はじめて顔を合わせたときの第一印象も大切にしてください。「とってもおしゃれ。センスのいい人だ」「髪型を変えてステキになった！」など好印象を与えることで会話もはずむし、商談もスムーズにいきそうです。

＜コラム＞

第一印象を考える上で重要な鍵を握る「メラビアンの法則」

「メラビアンの法則」は米・ＵＣＬＡ大の心理学名誉教授であるアルバート・メラビアン氏が一九七一年に発表した心理学の概念です。好意や反感を表すコミュニケーションについての研究で、感情と態度が矛盾したメッセージが発せられたときの人の受け止め方を考察しています。

たとえば、顔は怒っているのに口調はやさしい場合と、その逆のパターンで対話したとき、人は五感の何を基準に判断するでしょうか。実際の実験内容は、「maybe」という単語をさまざまな抑揚で録音したテープ音声と、さまざまな表情の顔写真を組合せて被験者に聞かせたそうです。この実験での被験者の反応をまとめて数値化すると、視覚と聴覚では視覚に重きを置いた人の割合が五五パーセント、逆に聴覚を優先させた人が三八パーセント、話している内容などの言語情報が七パーセントという結果になったそうです。

このデータの数値が広義的に「人は見た目に左右されやすい」と解釈されていますが、メラビアンの研究意図とは少し違うようです。たとえば、男性がみんなのいる前で恋人に「今日の君は特別きれいだね」と言い、それを受けて女性がほほえみながら、でも少し強い口調で「みんなのいる前で、何よ！」と言った場合、男性はどう思うでしょうか。おそらく「とか、言いながらうれしいんだな」と思うのではないでしょうか。「怒らせてしまった！」と思う人のほうが少ないでしょう。

表情と話し方が一致していない場合、見た目で理解する人と聞こえ方で理解する人に分かれ、ひとつの情報でも伝わり方が違ってくる、これがメラビアンの法則です。そこで教訓！　表情と話し方を一致させないと誤解が生じることがあるので、大切な会話ほど気をつけましょう。

「隠すより現わる」コミュニケーション

コミュニケーションの語源はラテン語で「分かちあう」を意味する「communicare」だそうです（『ブリタニカ国際大百科事典 小項目事典』より）。社会生活を営む上で必要不可欠で、だれもが意識せずとも行っています。とはいえ同時に、多くの人が悩み模索しているのではないでしょうか。

コミュニケーションの基本は、相手に自分の気持ちを伝え、相手の気持ちを聴くことです。言葉にしてしまえば、とてもシンプルです。ただ言葉の選び方や相手の受け取り方によって同じ会話でも意味が違ってくることもあるので、なかなか厄介なシロモノでもあります。

心理学で言葉は二種類に分けることができます。ひとつはおしゃべりや文字などのいわゆる言語そのものです。もうひとつが非言語で、第1章でもふれましたが、話し方（声のトーンや抑揚、話すスピードなど）、表情、視線、姿勢、そしてファッションなどが含まれます。マジョリー・F・ヴァーガス氏の著書『非言語《ノンバーバル》コミュニケーション』（新潮選書）によると「非言語《ノンバーバル》コミュニケーション研究のリーダーの一人、レイ・L・バードウィステルは、対人コミュニケーションをつぎのように分析している――『二者間の対話では、ことばによって伝えられるメッセージ（コミュニケーションの内容）は、全体の三五パーセントにすぎず、残りの六五パーセントは、話しぶり、動作、ジェスチャー、相手との間《ま》のとり方など、ことば以外の手段によって伝えられる』と」あり、コミュニケーションについて「隠すより現わる」（同著）というような興味深い表現をしています。

人は話す内容には気を遣っていますが、ほかの非言語によるコミュニケーションがどれだけ機能しているかを気にしていないことが多いように思います。言葉だけに頼らないコミュニケーションを有効活用できれば、とても強い武器になるのではないでしょうか。

「隠すより現わる」非言語コミュニケーションのなかで、比較的だれもが気をつけているのはファッションです。仕事や学校など公の場では、言語よりファッションのほうが無言で相手に何かを伝えている場合も多々あります。何も話さなくても、相手には見られています。非言語コミュニケーションが先行して相手に何かを伝えていることも多いのです。

では、ファッションというコミュニケーションで相手に伝わるのはどんなメッセージでしょうか。たとえば、ビジネスシーンの場合、きちんとアイロンがかかっているとわかるシャツやスーツ、ハンカチなどを身につけている人と、しわだらけで薄汚れた服を着ている人がいるとします。どちらに好意を抱くかはおのずとはっきりしています。ヨレヨレの服を身につけて会議に参加したとき「この仕事を重要に思っていないな」とほかの人から思われても仕方がありません。プライベートでも、清潔感のある服装やおしゃれをして来たことがわかる服装のほうが、会う相手も「自分と会うことを大事に思っていてくれているんだな」とうれしく思うでしょう。逆に言えば、服装に気を遣うだけで自分の気持ちを相手に伝えることができるのですから、ファッションは、とても重要で使い勝手のいい非言語コミュニケーションのひとつだと言えます。

ファッションで自分をプレゼンする

人は、見た目にプラスして、風の噂などごく限られた情報を当てはめて相手のパーソナリティを決めてしまうことがあります。これを心理学では「印象形成」と言います。そして、相手のパーソナリティを決めるときの基準となるのが「ステレオタイプ」です。

「ステレオタイプ」とは、ひな型を当てはめること。「スーツを着た人はちゃんとしている」「美人はモテる」「血液型がA型の人は几帳面」など、よく考えると根拠がない場合が多いのですが、ほんの数分前にあった人など、その人となりの情報が少ない場合はこういったひな型を当てはめてしまいがちです。ステレオタイプは世間一般に広く浸透しているものの見方であるため安定していて、安心感にもつながります。

脳科学の研究では、次のようなデータがあるそうです。脳の海馬《かいば》という部分とその周辺部から出る「シータ波」という脳波があります。人が何かに興味を持っていたり、注意をひかれたりしたときにシータ波が出やすい状態になり、シータ波が出ているときは集中力や記憶力がよくなる傾向にあるそうです。シータ波は楽しいときや心地良さを感じているときにも出るそうです。

心理学と脳科学を応用すると次のようなことが言えます。初対面やまだ知り合って間もない人と会うときは相手に心地良さを感じてもらえる服装を心がけると自分に興味を持ってもらいやすくなったり、こちらの話に集中してもらえたりする確率が高くなります。ファッションを非言語コミュニケーションとする上で、気をつけたいのは「他人が自分のことをどう見ているか」をちゃんと気にしているかどうかです。いくら「ブランドのスーツだから大丈夫だろう」と思っても、シチュエーションによっては当てはまらない場合があることも知っておかないと、逆効果にもなりかねません。

初対面の相手と会う際、どんなファッションを選択すればいいかを決めるときには「ステレオタイプ」なども判断材料にしながら自分を客観的に見ることが大切になります。自分の思考や行動を客観的に見ることができる能力を「メタ認知能力」といいます。「メタ」とは「高次の」という意味です。自分の考え方や行動などを第三者的に客観視できる人は「メタ認知能力」が高い人になります。逆に「メタ認知能力」が低い人は「自分がこう思っているから、相手もそうだろう」という思い込みで行動することが多く、自己中心的になりがちです。

人とのコミュニケーションをスムーズにするためには「メタ認知能力」を高めたいものです。ではどんなセルフトレーニングをすればいいのでしょうか？　すぐにできそうな方法のひとつに、日々の出来事や自分の気持ち、一日の反省点などを書きとめる「メンタフダイアリー」という手法があります。「メンタフ（メンタルタフネス）」とは、ストレス耐性を指しています。悩みやストレスについて書き出して自分の心のクセなどに気づくことで、自分が陥ってしまうつまずきのパターンを知り、それを回避できるようにする日記型のトレーニング方法です。アメリカでは保険医療の対象にもなっている「認知療法」のひとつで、最近ではメンタフダイアリーが実践できるアプリもあります。文字に書き出すことで自分の行動のモニタリングを習慣化するのです。メタ認知能力を高めることで、人と会う際の服選びの失敗も少なくなり、相手の印象形成にもいい影響を与えられ、気持ちのいい面談だったと思ってもらうことで記憶にも残りやすくなります。

失敗体験も引き出しにしまっておく

「自分の服装を第三者の立場から見るようにしよう」と心がけているとはいえ、すぐにメタ認知能力を高めるのは難しいかもしれません。そんなときはドレスコードやＴＰＯの知識に強いサポーターに頼りましょう。

パーティや結婚式の二次会の招待状などの文中にはよく「平服でお越しください」と書かれています。実際、フタを開けてみれば会場に来ている人々の服装は、実にさまざまです。スーツやワンピースなどの少しあらたまった服装の人もいれば、ポロシャツなどのカジュアルな服装の人もいます。「平服」の受け取り方が人によって違うことがわかります。
「ドレスコード」という言葉があります。「Ｄｒｅｓｓ Ｃｏｒｄ＝服装規定」。『大辞泉』には「軍隊や学校などの集団やパーティなどの集会、高級レストランなどにおける服装の規則」と説明されています。本来は、その場所や会合の主催者が決め、それを来場者に通達するものです。たとえば、格式の高いレストランでは「ノーネクタイ、ノージャケットはお断り」などと表示しています。ドレスコードやＴＰＯの条件をきちんと満たしていれば、ファッション・コミュニケーションでつまずくことはありません。
メタ能力を高めたいなら、恐れずにいろいろな経験をしましょう。たとえ失敗しても、次のステップのための知識として貯金しておけばムダにはなりません。いろいろな経験を記憶の引き出しにしまっておけばいいのです。そうすれば、多彩なシチュエーションへの応用力になります。
自分の引き出しに入れたいものは、他にもあります。それは身近な第三者からのアドバイス。親しい人であれば、その場にそぐわない服装をしていればアドバイスをしてくれるでしょう。なかでも三パターンの賢人の言うことは注意をして聞いてみてください。
その三パターンの賢人とは（女性の場合）
センスが競える人……女友達
ほんとうのことを言ってくれる人……母親

異性目線を教えてくれる人……男友達、恋人、夫

大手下着メーカーのワコールによる女性の意識調査で「自分の容姿について、どのような人の目を意識しますか？」という問い（複数回答）に対し、最も割合が高かったのが「同性の友人」で、七割近くにのぼりました。次いで四割以上が「自分自身（自己満足）」と答え、三番めが「夫」で三割以上の人が回答しました（ワコールココロス研究会『女性の身体意識と生活スタイルに関する調査』ココロス共同研究レポートvol.4 2010年11月より）。

女友達は自分が同性の目を意識しているだけに、友達の服装もよく観察しています。ただ、女性同士は、社交辞令的にお互いを褒めあうことも多いと頭に入れておきましょう。気のおけない友人であれば歯に衣を着せぬ批評をしてくれるかもしれませんが、それも相手のキャラクター次第です。方法としては、会った瞬間の反応に注視してみてもいいかもしれません。「わー、ステキなジャケットね！　どこのブランド？」「今日はいつもと雰囲気が違うね。いいじゃない！」など開口一番、好反応なら正直な感想といえるでしょう。ふつうのあいさつから、すぐに世間話に入った場合は服装にふれたくないのかもしれません。もし、お互いの服装について、とくに会話がなかったとしても大丈夫。相手の服装をよく観察するだけでもいいのです。そして自分の服装との違いをよくチェックして、今後の参考にしましょう。ただし、おしゃれな友人に限りますが。

母親からは友人よりも手厳しいフレーズがどんどん出てきます。そんなとき「お母さんた

ら、ひと言多い！」と怒る前に母親の言葉のなかにあるヒントを探してみてください。それは、目上の女性からの意見かもしれないし、母親の経験値から出た感想かもしれません。いずれにしても自分には無い目線なので、いっときの感情に流されずアドバイスとして受け止めてみましょう。

異性の場合、夫や恋人の意見はかなり貴重です。多くの場合「自分のパートナーがきれいに見えるように」「恥をかかないように」と考えて意見をしてくれます。男友達の場合は彼のキャラクターにもよりますが「嫌われたくない」と思ってストレートな感想を言わないかもしれません。そんなときは、彼の態度を見て判断してもいいし、気のおけない仲であれば自分から「今日の服装どう思う？」など、問いかけてみるのもひとつの方法です。女友達に褒められたことがある服装でも異性には受け入れられないなど、いろいろ勉強になることがあると思います。

対話する服

ここまで服がいかに自分自身を物語るか書いてきました。服に語らせる上で忘れてはならないのは、相手にどんな自分の印象を持ってもらいたいかをイメージしながら服をコーディネートすることです。「今日、この場面ではどんな自分でありたいか」「相手にどう受け入れてもらいたいか」「相手からどんな反応を得たいのか」をしっかり意識します。つまり、自分が目指すゴールをはっきりと視界に入れておくのです。

私が実際に体験したエピソードをひとつの例としてご紹介しましょう。行きつけのお店のクリスマスパーティーに参加したとき、同じくなじみ客の女性Aさんを紹介され、一緒に楽しくお酒を飲みました。それからAさんと仲よくなったのですが、一年ほど経ったあるとき、「あなたは、第一印象と全然違う。初対面のときは破天荒な人だと思った」と告白されたのです。はじめて会ったとき、お酒が入っていたし、その場の雰囲気でお店のお客さんとふざけて踊っていたこともありますが、何より彼女に強烈な印象を与えたのは私が着ていた黄色のセーターだったそうです。「クリスマスパーティーに黄色のセーター？ ユニークな服選びをするから、変わった人なんじゃないかな」と思ったらしいのです。私としては、自宅近所にあるなじみのお店だったので、黄色という明るい色でその場の楽しい雰囲気を盛り上げるつもりで選択した一着でした。Aさんとの価値観の違いもありますが、もし、その場でAさんから「どうして黄色のセーターを着ているの？」と聞かれていれば説明したでしょうし、彼女の印象も違ったものになっていたはずです。でも、初対面のマナーとして、彼女はそんなストレートな質問はしませんでした。

Aさんは私のファッションが語る私のキャラクターを「おかしな人」と解釈し、そのまま印象形成されてしまいました。その後、一緒に過ごす機会が増え、私という人間をよく知るようになったとき、最初の印象とのギャップを埋めるのが大変だったと言われました。つまり、私は彼女が思った「おかしな人」の定義には当てはまらなかったのでしょう。つくづく、服が人に与える影響力のすごさには驚かされます。

大切なことは、服選びが着用するシチュエーション（場所や場面、目的）に合っているかどうかです。ビジネスシーンでは服装は「記号」になります。所属であったり、職種であったり、地位や立場を表すツールです。まず、自分の職種や会社にふさわしい服装であるかどうかをよくチェックしてみてください。ビジネスを含む大切な面談では、必ず襟がある服にしましょう。「襟を正す」という言葉もあるように、襟がある服は謙虚な気持ちを代弁してくれます。さらに、気が張る面談ではジャケットが鎧となってくれるでしょう。スーツでなくても襟付きのシャツとジャケットを着るだけで、改まり感が演出できます。

デートの場合、その日のテーマが決まっていればシチュエーションや目的地に合った服を選びましょう。相手の好みがわかっていれば、それに合わせてみるのもひとつの方法です。「こちらに合わせてくれたんだな」と好感度がアップするはずです。

婚活の場合は、目的によって少し服選びが変わります。どうしても、どんな相手でも結婚を前提にした交際相手と出会いたいのであれば、清楚に見えるオフホワイトのブラウスや、優しく見えるピンクベージュのドレスやスーツもいいでしょう。そして、あまり流行を取り入れすぎないことをおすすめします。自分自身が抱く具体的な結婚生活のイメージに合う相手と交際したい場合は、結婚後の生活のイメージに合ったファッションにしましょう。多くを語らずともファッションがあなたの希望を語ってくれます。いずれのシーンでも、あなたの意図を正しく伝えてくれるコーディネートをすることが肝要です。それが、あなたの夢が現実化する第一歩になるかもしれません。

第3章　成功に導くファッション

ビジネススーツは〝鎧〟

鎧《よろい》は戦国時代の武将にとってさまざま意味を持っていました。もちろん一番の目的は身を守ることですが、合戦で命を落とせば、そのまま死装束にもなりますから、武将の威厳や風格を表すことが大事であり、本人のこだわりや美意識も反映されていたそうです。そして、時代が進むにつれ、鎧兜のデザインを利用して心理戦で有利に立てるようにと考えた武将も現れました。たとえば、徳川四天王として名を成した井伊家に伝わる鎧はすべて赤色です。関ヶ原の合戦の様子を描いた屏風絵を見ると、大将から雑兵にいたるまで全員が真っ赤に身を包み、「井伊の赤備え」と恐れられ、圧倒的な強さを誇っていたといいます。戦場という極限状態で攻撃的な赤を使うことで、相手に威圧感を与えることに成功したのではないでしょうか。

ビジネスシーンで身につける仕事服も、いわば「鎧」です。手中に納めたいと思っている成果を得るための戦術のひとつになり得ます。その日の仕事の目的や対面する相手のことを考えた上で服を選んでおられますか？

アメリカ・テキサス大学オースティン校で経済学を教えるダニエル・ハマーメッシュ氏は著書『美貌格差』（東洋経済新報社）で「仕事をするなら見た目が大事」「アメリカなら、容姿で上から3分の1に入っていれば、容姿が並である以外は特徴がまったく同じ人に比べて、収入は5％ほど多い」と、見た目が収入を左右する事実を述べています。

ところが、『ミリオネーゼのファッションルール』（ジョン・T・モロイ著、ディスカヴァー・トゥエンティワン）というアメリカのイメージ・コンサルタントが書いた本によると、キャリアウーマンの約七割もが服装によってキャリアアップのチャンスを逃しているそうです。意外な感じがしませんか？　大統領選では、各候補者はもとより事務次官にもコンサルタントがつくほどファッション心理に長けた国というイメージがあるアメリカでも、服装で成功している人は思ったほど少ないのかもしれません。映画『プラダを着た悪魔』の中で、最初は野暮ったかった新米女性アシスタントは、先輩の女性社員からけんもほろろの扱いをされています。ファッションが洗練されていくにつれ、上司や先輩から、やっと相手にしてもらえるというストーリーは、いかにもアメリカのビジネス界といった感じです。

実生活のなかで、自分が置かれているシチュエーションに合ったファッション選びをしているか、あらためて見直してみるとキャリアアップにつながるかもしれません。

＜コラム＞

ラポール（信頼）の構築

「カウンセリングをはじめとする心理療法において、治療者（面接者）とクライエントの間に存在する人間関係」（『心理学辞典』有斐閣）を「ラポール（Rapport）」といいます。ラポールとはフランス語で「橋をかける」という意味です。人と人の間に信頼という名の橋がかかれば、それがコミュニケーションの出発点になります。では、この信頼関係はどうしたら築けるでしょうか。

まず相手をよく観察し、相手と自分の共通点を見つけることが早道になります。人は自分と似ている人には安心感を抱き、それが好感へとつながるからです。共通点が見つからない場合の有効な手段に「ペーシング」とよばれる手法があります。相手の話し方に合わせたり、鏡のように相手の動作などを模写することです。座っている姿勢や身振り手振りなどをマネします。気をつけたいのは、あまり大げさにマネしないことです。明らかにマネをしていることが相手に悟られてしまうと、「バカにされているのか？」と、逆効果になりかねません。あくまで、相手に「私もいま、あなたと同じ気持ち（状態）です」ということを伝えるためのノウハウなので、心地いい程度に、さりげなく、がコツです。

相手と同じような服装をすることもラポール（信頼）の構築につながります。会話術では相手に必ず「イエス」と言わせる質問をいくつか続ける方法があります。イエスを続けて言っているうちに、「自分のことをよく分かっていてくれる」という気持ちを相手に抱かせることができるのです。

クールビズスタイルはリゾートスタイルではない

最近のビジネスシーンで私が気になっているのが「クールビズ」です。日本の夏の季語として定着した観がありますが、ビジネスの現場でショート丈のパンツにサンダル履きで業務についている人を見ると「何か違うのでは」と思ってしまいます。節電やエコのためという背景はいいとしても、果たしてTPOをクリアしているといえるでしょうか。ビジネスシーンにおいては、社内だけではなく社外の人間とも同じ空間を共有することが多くあります。関係者以外の第三者に与える印象を考えないと、その企業や団体の良くないイメージを演出しかねません。第2章で紹介したように「第一印象は最初の数秒で決まる」という人間の心理的作用を考えたとき、クールビズの実行は慎重にしたいと思います。たとえば、仕事帰りの百貨店の中、行き帰りの電車内、ほかの団体との会合などにおいては、非常識に見えてしまう危険があります。ファッションコミュニケーションの視点からも、カジュアルすぎるクールビズはあまり喜ばしい流れとは言えません。

ただ、職場でクールビズ実施が決められた場合、身だしなみはわきまえたクールビズをおすすめします。最低限のマナーとしてトップスには襟があるものを着たいと思います。仕事場はあくまでも公の場であり、「襟を正して」職務に臨みたい場所です。カジュアルなポロシャツでも襟がないTシャツと比べると、はるかにきちんとした印象が出せます。また、ポロシャツであれば上にカジュアルなジャケットを羽織ってもそれほど違和感はありません。

女性の場合、キャミソールやミニスカート、ミュールは避けましょう。職場に持ち込んで周囲に不快感を与えてしまうのが「セクシーさ」です。必要以上に素肌を露出したファッションは、仕事ができる女の演出には最も不向きなのです。

男性の場合、ネクタイをしめてもおかしくないようなカジュアルシャツの着用が好印象につながります。膝から下の素肌が見えるような短パンもビジネスではNGです。リゾート地でも洗練されたレストランなどでは短パンにサンダルは入店拒否も少なくありません。

そして、行き帰り用のサマージャケットを携帯したり、靴は職場で履き替えるなどして対応することをおすすめします。忘れてはならないのは、クールビズはリゾートファッションではないということです。あくまでもビジネススタイルというスタンスでコーディネートを考えていただければいいと思います。

ビジネススタイルは臨機応変に

では、仕事にふさわしい服装というのは、どんなものなのでしょうか。それは、会う人や仕事の目的によって毎日、変わります。「今日は集団のひとりとして初めての会社を訪問するので、控え目なほうがいい」「今日はプレゼンでリーダーシップをとるので、少し目立ったほうがいい」など、具体的なシチュエーションに適応した服装であることが大前提です。さらに、会う相手が目上かどうかによっても、服選びは変わります。初対面であれば、相手の情報はごくわずかな場合も多いので、まずは無難なスーツなどがいいでしょう。そして、その次の面談からは相手の立場やイメージに合わせてみるのがおすすめです。これをコミュニケーション技法では「ペーシング」と言います。相手の「ペース」に合わせることで心地良さを創出し、好印象を与えるノウハウのひとつです。

打合せの相手がマジメな方であれば、マジメな印象のジャケットスーツやブラウススーツなどを選びます。ウィットに富んだオシャレを好む方であれば、ちょっと遊び心のあるワンポイントを取り入れるのもいいでしょう。基本は、相手に好まれる服選びをすることです。おしゃれな服装が必ずしも相手に好印象を与えるとは限らないのが、ビジネスシーンの鉄則です。年配の方であれば、やや地味で落ち着いた装いが好印象を与える場合もあります。ビジネスで成功する戦術を練るためには、ファッション雑誌を見るよりも普段から周囲の人を観察する目を養うことが重要です。たとえば、私は仕事柄、インナー事業の方ともよくお会いしますがブラジャーなどのファンデーションのデザイナーの方などは、シースルーなどでインナーをアピールするようなレーシーなファッションを好まれている方が多いような気がします。つまり、ビジネスシーンにおいて、その人の職業がファッションに反映されているケースもあるわけです。三六〇度、周りをよく観察してみましょう。コミュニケーションのヒントがきっと見つかります。

二回目からの面談の際は、ある程度ペーシングをしながら、少し相手をリードできるようなコーディネートができればベストです。「このコーディネートをちょっと盗んでみたいな」と相手に思わせることで、自分に対する関心も持ってもらえると思います。たとえば、先述のレーシーなファッションを好む方と会う際はインポートのレーシーなストッキングを履いていくなどしてペーシングをするのもいいかもしれません。相手に合わせたファッションをすることで、「普段からあなたのファッションに注目していますよ」というメッセージの発信にもなります。

もし、あなたが営業ウーマンで一日に複数の人と会う必要がある場合、基本のコーディネートはシンプルにして、小物を変えて変化をつけましょう。ヘアアクセサリーやネックレス、ピアスなら鞄に入れておいてもそれほど邪魔にはなりません。口紅の色を変えるだけでも、清楚なイメージから明るくハキハキとしたイメージへと印象を変えることも可能です。ファッションで変化をつけることが難しい場合は、ペンや名刺入れなどステーショナリーを活用するのもいいでしょう。ビジネスで成功を勝ち取るためです。日々ちょっとした努力を惜しまないようにしましょう。

大切なプレゼンは勝負服で

ビジネスウーマンにとって「ここ一番！」の大舞台となるのが、プレゼンテーションです。いままで取り組んできたプロジェクトの総まとめの機会であり、自分の能力を最大限に発揮したい場でもあります。そんなときに着る服は、やはり自身が一番輝く服でしょう。ビジネスウーマンたるもの自分を最も引き立ててくれる勝負服を一着は持っていたいものです。私が最適だと思うのは、まず肩のラインがシャープで襟のある服です。スーツかジャケット、サマーシーズンなどはシャツが基本でしょう。色味はシックなカラーであれば何でもいいのですが、信頼感を与える色としては紺や濃いグレー、もしくはグレイッシュな色がおすすめで、堅実なイメージを与える色ならダークカラーです。注意しておきたいのは、グレーには実にいろいろなバリエーションがあり、肌の色と合うグレーは人によって異なることです。日本人の黄色味のある肌の色に合うグレーは、やはり黄味がかかったグレーと言われています。日本人でもピンクがかった白肌の人もいるので、試着時によく確認して肌が明るく見える色を選びましょう。

スーツのシルエットは、ほどよく体のラインに合ったものにします。女性用のスーツには、体にセクシーにフィットしたデザインのものがありますが、ビジネスシーンでは避けるべきです。ビジネスウーマンのファッションに求められるのはセクシーな女らしさではないのです。

サイズ合わせでは、まず肩幅と袖丈に気をつけます。肩幅が合っていないと着こなしがだらしなく見えてしまいがちです。袖丈は長過ぎても短すぎても、不格好に見えます。プレゼンでは身振り手振りが大きくなったり、ボードのデータを指し示したり、手元に視線が集まりやすいので、とくに気にしたい箇所です。袖丈は手を下ろしたときに手首にかかるぐらいがベストです。基本的な着こなしではシャツのカフスを見せますが、シャツの袖口が少し見えるぐらいでもいいでしょう。女性の場合は胸元のサイズ合わせも重要です。ジャケットの第一ボタンを留めたとき、左右にシワが寄ってしまうと上着が小さく見えて、胸元が強調されすぎてしまいます。バストが大きい方なら、第一ボタンが胸元より下にあるVゾーンが深めのデザインを選んでもいいでしょう。ウエストも同様にシワが寄らない程度のゆとりがあるデザインにしましょう。

プレゼンテーションのロケーションが、広い会議室か狭い小部屋かによっても服選びは変わります。広い会議室であれば全身を見られてしまうので、全身コーディネートに気を配ります。その際、ジャケットとボトムスのバランスに気をつけてください。ジャケットの丈がヒップラインより上か下にくるようにコーディネートすることをおすすめします。というのも、ジャケットの裾がヒップラインのトップにくるとヒップが強調されて、お尻が大きく見えてしまいます。

若い方はヒップラインより短めのジャケットを、年配の方ならヒップを隠すぐらいの丈でもいいでしょう。

プレゼンの場には、小物選びにも気を配りましょう。靴はできれば三～四センチのヒールのあるパンプスがおすすめです。全身のラインを美しく見せてくれますし、何よりヒールを履いたときの緊張感が内面にもいい影響を与えてくれます。ただ、普段から履き慣れていないと立ち姿が不安定に見えることもあり、逆効果です。一日中履いていても大丈夫か事前にチェックしておきましょう。一方で、あまり履き慣れすぎたヒールだと、靴のシルエットがくずれてしまっている場合もあるので、注意が必要です。

全体のコーディネートの色数ですが、服は三色以内、小物のアクセサリーのメタルや、バッグやシューズのレザーを含めても五色以内に抑えるようにしましょう。色を使い過ぎたコーディネートは洗練された着こなしになりにくく、カジュアルに見えてしまう可能性もあります。やはり、ここは基本通り五色以内に色数は抑えたほうが懸命です。プレゼンの場面では、あくまでプロジェクトの内容が主役だということを忘れないようにしましょう。

最も主張したいのは、ビジネススーツには上質なウール素材のアイテムを選んで欲しいということです。上質なウールは美しいシルエットを作り、光沢にも品があります。また、変なシワができにくいのできれいな着こなしにもつながります。

主に女性のスタイルについて述べてきたので、男性の着こなしについても補足しましょう。

男性の場合、ジャケットとシャツの襟とネクタイのバランスが重要です。とくにシャツの襟とネクタイの幅が合っているかどうかに、その人のセンスが表れているといっても大げさではありません。シャツもネクタイも一流のブランドで今年の流行だから……と甘く考えて身につけていても失敗することがあります。シャツの襟の幅には、それに合うネクタイが存在します。そして、やっかいなことにネクタイの幅はその年によって流行があり、変わります。ブランドによっても、トラッドやヨーロピアン、モード系などファッションテイストによっても異なります。ネクタイひとつをとっても、実にバリエーションは豊富です。シャツとネクタイを購入する際、ショップの店員さんにどう合わせるといいか、助言を求めるといいでしょう。

カラーコーディネートに関しては、ボトムスと靴下とシューズの色合いを統一するとスッキリします。パンツから足先まで一色で、スマートに見せることができます。ネクタイの色も重要です。アメリカでは、赤のネクタイを〝パワータイ〟と言って、大統領選の候補が好んで身につける色です。赤のネクタイは「活動的」「エネルギッシュ」「意志の強さ」などを演出してくれると言われています。あなたが若手～中堅で、新しいプロジェクトを提案するプレゼンの場では、赤のネクタイを選ぶのもおすすめです。ただし、あまり派手な赤は日本人には主張が強すぎて好まれない場合もあります。日本人に比較的、似合う色は赤系（実行力、やる気）、ブルー系（冷静さ、真面目さ）、そしてイエロー系（知恵と明るさ）です。一方、長時間のプレゼンや、継続的なプロジェクトのプレゼンなどでは、青色のネクタイがいいかもしれません。青は疲労感を抑え鎮める色なので、控えめで誠実な印象が演出できます。ちなみに謝罪の場などにもおすすめの色です。

就活スーツは黒でいいの？

最近、私が不思議に思っているのは、就活生の定番となっているブラックスーツです。二〇〇〇年代半ば頃から主流となっています。なぜ、ここまで「就活＝ブラックスーツ」が定番になったのか、理由は定かではありませんが、バブル崩壊後の不景気を受け、「ブラックスーツは就活にも冠婚葬祭にも使える」が定説になっています。厳密に言うと就活用と冠婚葬祭用とでは、黒の深みが違います。就活用のスーツを冠婚葬祭で着ると、色が浅く安っぽく見えるかもしれません。

色彩心理学的にアプローチすると、黒は何か心の内を隠したいときに使う色です。反面、強さの象徴でもあり扱いが難しい色です。フレッシュな就活生にとっては未熟さを包み隠す色でもあり、スマートに強さをアピールする色でもあります。

私は自己アピールの場でもある就職活動に、黒はいい色なのかどうかといつも考えさせられてしまいます。ただ、いまの就活生がブラックスーツを選ぶ主な理由は「ムダに突出しない」ためのようです。他の就活生と横並びになり、フラットな状態で面接に臨むのが目的で、人と違うスーツを着ることがマイナスになるかもしれない恐れを排除しているそうです。就職氷河期のせいもあるのでしょうか。みんなと同じ黒でなくても、もう少し自己アピールできる色のスーツで面接に臨んでもいいのではないかと私は思います。

出張や研修旅行のワードローブ

就職して、企業の一員になった後、出張や研修旅行など泊まりがけで出掛けることがあります。ビジネスウーマンへのアドバイスとしては、ジャケット一枚と、ボトムスはスカートとパンツを一着ずつ持っていくことをおすすめします。少ない荷物で着回しが利くので便利です。そのためにも、社会人になったとき、同素材で「ジャケットとスカートとパンツのセット」または同素材の「スカートとパンツ」を購入することをおすすめします。出張の際、スーツ一着でブラウスを替えるという方法もありますが、商談の相手や商談内容によってスカートとパンツを使い分ければ、よりスムーズにいきそうです。その時にスカートとパンツが同素材だとトップスやシューズの色合わせやコーディネートが楽で荷物も少なくなります。また、季節や訪問地によってはカーディガンが一枚あると温度調節ができます。仕事終わりの食事会でジャケットからカーディガンに着替えると、崩しすぎないラフな雰囲気が演出できます。出張にちょっとした食事会が含まれている場合、フェミニン過ぎないウールのワンピースか、ブラウススーツ、セットアップなどを荷物に入れておくのもいいでしょう。

男性に気をつけていただきたいのが接待ゴルフや社内旅行など、私服になるシーンがある場合です。たとえ、ビジネスの話が一切ない旅行だとしても、社内行事であることを忘れてはいけません。社内でいままで築いてきた良いイメージをラフ過ぎる私服によって一瞬にして失う危険性があるからです。基本は、襟があるシャツを着用して、カジュアルなジャケットも用意しておきましょう。ポロシャツでもいいのですが、糊やアイロンが利いたパリッとしたものが望ましいです。中年になり、恰幅《かっぷく》がいい方であればポロシャツよりも体のラインが隠せるシャツのほうがいいでしょう。海外出張などの場合、ホテルやレストランへ行く機会のことも考えて、カジュアルであってもネクタイとジャケットの用意は忘れずに持って行きましょう。

モチベーションを上げるユニフォーム

ビジネスシーンでのファッションについて述べてきましたが、職場にユニフォームがあるケースについて一考してみましょう。ユニフォームとは、「集団の全員が、所属、身分、統一、行動を示すために着用する服装」(『ファッション辞典』文化出版局)です。日本人が洋服を着るようになったのは明治時代からで、普通の人はまだ着物を着ていましたが、軍隊や警察の制服は洋服でした。現代では、早ければ幼稚園から制服を身につけるなど、人生においてなじみ深いツールのひとつです。この制服の着こなしと人の心理の間にも深い関係があります。たとえば、思春期の頃、大人や体制への反抗心を表す自己主張のひとつとして、制服を気崩すことがあります。また、スポーツの世界などではチームのユニフォームや日本代表のユニフォームを身につけることでモチベーションが高まるようです。制服は、ただ単に所属を表すツールなのではなく、人の行動や心理に大きな影響を与えるツールにもなり得ます。これを心理学では「ユニフォーム効果」と言います。ユニフォームをきちんと身につけることで、気持ちにけじめがつけられ、仕事へのやる気やモチベーションのアップにもつながります。

仕事で制服を着用する場合、大切なのは清潔感です。ボタンを多めに外す、袖をまくり上げるなど着崩したスタイルは、社外からの訪問者にいい印象を与えないので避けたほうがいいでしょう。また、体型に合っていないとだらしなく見えるので、サイズもできるだけきちんと合わせることが大切です。

ほかの工夫すべき点は、ヘアスタイルやメイクです。仕事中はロングヘアであればまとめ髪にすると、きちんと感が出ます。メイクは口紅などの色味を控えめにするだけでも、清楚でナチュラルな雰囲気になります。その際、顔色が悪くならないようにほほ紅の色選びや濃さで調節するといいでしょう。ヘアスタイルやメイクは、航空会社の地上アテンダントや客室乗務員の方や、百貨店や企業の受付嬢が参考になりそうです。

制服のお手入れですが、自宅などで洗濯ができない場合、こまめにブラッシングをし、エチケットブラシでホコリを取るようにしましょう。そして、職場で履く靴は、ラクだからとサンダルなどの使用は避けて、シンプルなフラットシューズやヒールが四センチまでのパンプスなどで対応しましょう。ラクなほうがいいのであれば、最近のおしゃれなコンフォートシューズにしてもいいし、ナースシューズなどをネットで購入するのもおすすめです。

目立つアクセサリー類は制服を着ているときはあまりつけないほうが、上品だと思います。最低限、身につける時計に関しても、制服とのコーディネートを考えた時計選びをしたいものです。ダイヤなどをあしらったジュエリータイプは、アフターファイブに取っておきましょう。制服時とアフターファイブの私服で印象をガラリと変えてみるのも気分転換になり、お洒落感もアピールできます。

アフターファイブにもちょっとしたスキルが必要

ビジネスシーンで目指すべきは、ハンサムウーマンですが、アフターファイブで異性と同席する食事会や合コンなどでは、フェミニンな印象づくりも大切です。とはいえ着替え一式を持参するのは大変ですから、アフターファイブの予定がある日は、少し女性らしさを意識したコーディネートをしましょう。

女性らしさを演出する基本は、柔らかなライン使いです。出勤がスーツの場合、ジャケットを脱いでシャツ＋スカートでもＯＫなコーディネートを意識するのも、ひとつの方法です。可能であれば、スカートはシャープなタイトタイプではなく、フレアータイプなどソフトでデザイン性があるけれどジャケットと合わせるビジネスシーンでもそれほど違和感のないものを選びます。退社時にジャケットを脱ぎ、オーバーブラウスにしてベルトやアクセサリーなどを組み合せるのもいいでしょう。また、大判スカーフやストールをまとうと、女性らしさがアップします。明るい色やソフトな色を上半身のトップスやスカーフ、ストールに使うと、ぐっとフェミニンな印象になります。

会社に自分専用のロッカーなどがあれば、ヒールパンプスなどを置いておくのもいいかもしれません。ハイヒールであれば、なお女性らしい印象に仕上ります。男性は靴に興味がある人も多いので、意外と女性の足元もチェックしています。足をきれいにみせてくれるストッキングとハイヒールがあれば、かなり洗練された印象が作り出せます。ハイヒールのお手入れもお忘れなく。

ビジネスファションと同様、アフターファイブにもちょっとしたスキルは必要です。会う相手に合せたペーシングができれば成功率もぐんと上がります。事前に相手の好みがリサーチできればいいのですが、難しい場合もあるでしょう。そんなときは、相手の役職や職種を意識した服装プランを考えます。そして、ビジネスシーンでは御法度だった「女らしさ」や「可愛らしさ」、少しの「セクシーさ」は、必要な場合もあります。コツは上手に肌見せするテクニックです。デコルテライン（首から胸元）、すっきりと鎖骨を見せるのもいいでしょう。肩や腕を出してもOKです。ただし、ホテルのレストランなど少しあらたまった場所で会うなら、見せ過ぎは禁物です。肌を露出し過ぎると上品さに欠けるイメージになるので、どこか一カ所ぐらいに留めましょう。デコルテを見せるなら袖のある服を、腕を出すなら首もとが詰まったデザインの服を選ぶなどバランスを心がけます。アフターファイブでも嗜みは大切です。「この人はどんな人なのだろう」と、ほどよい距離感を保つことで男性の興味をかきたてられれば、あなたは優位な立場に立てるでしょう。アフターファイブでの成功を勝ち取るためにも、着こなしの戦術は忘れないようにしたいものです。

第4章　五感とプラスワンを駆使する

第六感でコミュニケーション

「第六感」とは、何でしょう。『大辞泉』によると「『五感以外にあって五感を超えるものの意』理屈では説明のつかない、鋭く本質をつかむ心の働き。インスピレーション。勘。直感。霊感」とあります。第六感の身近な例として挙げられるのが「虫の知らせ」でしょうか。あまりよくない事象が起こる前に体験する、いわゆる「胸騒ぎ」です。何の脈絡もなく、ある人のことが気にかかっていたら、後日、その人に何かが起こっていたと知るなど、実際に体験したことがある人も少なくありません。この第六感の正体を突き詰めるべく、いろいろな研究がなされています。

第六感に関して、違うアプローチをしてみます。一般的に女性は男性よりカンが働くと言われています。いわゆる「女のカン」です。恋人や伴侶の嘘をカンタンに見破るのも女性の特技とされています。これは脳の構造の違いがなせるワザです。右脳と左脳をつなぐ「脳梁」という部分が、男性に比べて女性のほうが二〇パーセント太く、細胞が密集しているため、右脳と左脳の情報交換が適切に行われるからだそうです。それゆえ、男性の些細な変化を見逃しません。これが「女のカン」の裏付けです。

第六感があるのか無いのか、科学的にはいまだ答えは出ていません。心理学的には、人は五感から得た情報だけで物事を判断しているわけではないと言えます。五感から取り入れた情報にいままでの経験や知識、好みなどからなる個人独自のフィルターをかけて答えをはじき出しているはずです。これを意識下の潜在意識で、ほんの一瞬のうちに行っています。この個人独自のフィルターは感性と言い換えてもいいかもしれません。

ここで「エピソード記憶」なるものについて、少しお話しします。エピソード記憶とは、個人の経験の記憶、「思い出」などのことです。たとえば、今朝は何時に起きた、どこに誰と行った……といった過去の経験に関する記憶で、体験そのものと、時間や当時の心理状態の記憶も含まれます。一九七〇年代に心理学者であるエンダル・タルヴィング氏が提唱しました。エピソード記憶は、その名のとおりエピソードの記憶であり、意識せずとも記憶に刻み込まれているものがほとんどです。参考までに、英単語や歴史など、知識として覚えたものは「意味記憶」と呼ばれます。

エピソード記憶は必要に応じて取り出すことができますが、意識していなくてもその人の内面に存在しており、ときとしてそれが第六感の正体になるのではないでしょうか。家族や友人のちょっとした仕草や物の言い方と過去の体験を照らし合わせ、そのときの結果に基づき次はこうなると予測します。その予測がズバリ的中したとき、人は「カンが働いた」と思うでしょう。

「カンが働く」の「カン（勘）」は、「物事の意味やよしあしを直感的に感じとり、判断する能力」と『大辞泉』で解説されています。そして、類似する言葉に、インスピレーションや第六感があります。最近の心理学では、その直感的なひらめきを「第一感」としても考えられているようです。マルコム・グラッドウェル氏は著書『第1感「最初の2秒」の「なんとなく」が正しい』（光文社）で「直感的なひらめきを『第1感』」と述べ、「一気に結論に達する脳の働きを『適応性無意識』と呼ぶ。心理学で最も重要な新しい研究分野のひとつである」と書いています。「適応的無意識」については、ティモシー・ウィルソン氏が著書『自分を知り、自分を変える――適応的無意識の心理学』（新曜社）で「心は高次の洗練された思考を無意識に委ねることによって、最も効率的に働く。ちょうど現代のジャンボ旅客機が、人間という『意識的』パイロットの手をほとんどあるいはまったく借りずに、自動操縦で飛ぶことができるのに似ている。適応的無意識が果たしている任務は実に見事だ」と解説しています。つまり、時と場合に応じては筋道を立ててじっくり考えるよりも、瞬時のひらめき、ただ感じるという無意識の選択に判断を委ねてもいるのです。人類はきびしい環境のなかで生き残っていくために脳や心も複雑に進化を遂げてきたのでしょう。

私たちが日常のなかで第六感や直感だと感じる心の働きは、過去の経験から蓄積されたデータを脳や心が上手に利用して、そこから引き出したものだとも言えます。第六感を磨くには、いろいろな体験を積み重ねて好奇心旺盛に生きていくことが、重要な鍵になりそうです。

五感を駆使したコミュニケーション

前項では第六感について考察しましたが、ここからは人間の基本的な感覚である五感について考えてみます。五感とは「視・聴・嗅・触・味」の感覚とするのが一般的です。これら五つの感覚は外界からの情報を体の機能から直接受けるための、アンテナ、チューナーなどの受動装置です。これだけでは、目に見える風景や聞こえてくる音は、人にとって刺激そのものであってあまり意味は持ちません。たとえば、だれもが美しいと感じる光景であっても、「美しい」という意味がプラスされるのは「知覚」があってこそです。外部から取り入れた情報に、経験や知識をもって情報処理をして人は「美しい」「なつかしい」「危険だ」などと感じます。つまり、「感覚」と「知覚」があってこそ、物事には意味が生じるのです。また、知覚は主観にも左右されるため状況によって、同じ外界刺激を受けてもそのつど、多少の違いが生じます。

たとえば、次頁の図を見たとき、二つの図形の中心にある横線が同じ長さに見える人はいないでしょう。有名な「錯視《さくし》」の図形です。これは左右の線画の影響を受けて線の長さに長短を感じるから起こる錯覚ですが、そこには知覚の働きがあります。

コミュニケーションにおいてビジュアルのみで相手に好印象を与えるのは、なかなか難しいと言わざるをえません。何か、プラスαがあったほうがいいわけです。

人間の五感と記憶の密接な関係についてもう少しくわしく見てみましょう。まず、視覚ですが、目で見た人や情景がそのまま映像として記憶され、似たような状況に遭遇した際「前にもこんなことが……」とフラッシュバックされることがあります。コミュニケーションに応用するとすれば、自分の印象を残したい場合、いつも同じ（ような）服装でいる・髪型（カラーも含めて）を変えない・同じ高さの靴を履く（身長に変化が出ないように）など、覚えてもらうまでは外見のパターンを変えないことです。

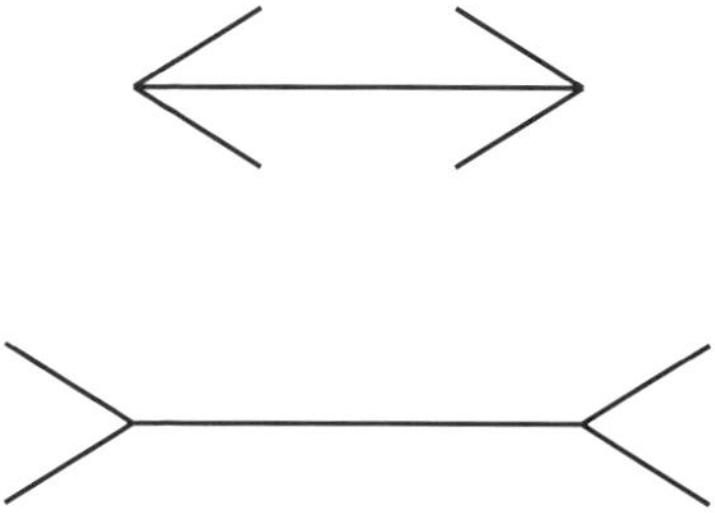

ミュラー・リヤーの錯覚

聴覚はとても優れた人間の器官です。心理学で「カクテルパーティー効果」と呼ばれる現象があります。大勢の人間がいるパーティ会場などで、離れた場所にいる違うグループの人が話している自分に関係がある単語や、聞きたいと思う声だけを聞き分けられる現象です。これは人間だから可能であって、コンピューターの音声認識ソフトなどは静かな場所でないと情報処理ができない難しい作業なのだそうです。人間の脳は聴覚から入る情報処理がとても速く、一説には視覚情報の処理よりも速いと言われています。昔、よく聴いた曲を久しぶりに聴くと当時の思い出がよみがえるという経験があると思います。聴覚と記憶と脳の間で行われる情報処理は、個人差はあるかもしれませんがとても高次な機能と言えるでしょう。コミュニケーションにおいては聴覚に訴える方法も効果が期待できます。たとえば話し声のトーンに気をつけたり、話すスピードを心持ち相手のテンポに合わせたりするだけで親近感が違ってきます。第3章で紹介したペーシングです。普段から和服着用が多い方であれば衣擦れの音で覚えてもらえる可能性もあります。逆に、相手が不快に感じる音をさせないことも重要です。かかとがすり減ったヒールの音、携帯の着信音（ボリュームや選曲）などには注意しなければなりません。

さて、嗅覚ですが、五感の中でも特別な存在とされています。嗅覚がほかの感覚と違う点は本能や情動と関係する「大脳辺縁系」と直接つながっていることです。ここには、感情や食欲などを司る「海馬・扁桃体」があるため、匂いは本能や感情を直接呼び起こします。その人にとって特別な香りを嗅がせたとき、香りに由来する思い出がフラッシュバックする現象を「プルースト効果」と言います。プルーストの小説『失われた時を求めて』で、主人公が紅茶にひたしたマドレーヌの香りから幼年期の記憶をあざやかに思い出すシーンに由来します。たとえば、香水の香りでその香水を愛用していたかつての恋人を思い出す、ケーキが焼ける甘い匂いで母親を思い出すなど。つまり、香りと共にインプットされた記憶は、香りが引き金となってよみがえらせることができます。いつも同じ香水を愛用しておくと他人に覚えてもらいやすくなるかもしれません。仕事とプライベートで香りを使い分けると自分自身の気持ちの切り換えやモチベーションアップにも役立ちます。
人は触覚（心理学では身体感覚と言われ、皮膚感覚だけではなく運動感覚も含まれます）からも多くの情報を得ています。硬い・柔らかい・温かい・冷たい・なめらか・でこぼこしているなど。そして、日常生活において触感には往々にして感情が伴います。「柔らかい＝心地良い」「硬い＝痛い」など、状況によって感情も変化します。相手に対して心地良さを伴う触感が与えられれば、その後の人間関係にも役立ちます。たとえば、握手をしたときの柔らかでなめらかな手、高品質で肌触りがよい服の感触などを活用することで相手に好印象を与えることができれば記憶にも残りやすくなります。次の対面においても気持ちがいいコミュニケーションへとつながります。
味覚は舌の「味蕾《みらい》」という部分から得た情報が脳で処理されますが、嗅覚からの情報とセットになることが多いようです。ファッションにおいて味覚が登場する場面はあまり無いので、ここではふれません。ただ、「あの人、味があるね」と他人から言われるような個性を出すことができれば、視覚に訴えやすく記憶に残りそうです。

キーワードは「共感力」

共感力という言葉があります。『大辞泉』で「共感」は「他人の考え・行動などにまったくそのとおりだと感ずること。またその気持ち」と説明されています。他人の体験する感情を自分のもののように感じ取ることです。そして共感力とは共感する能力、つまり、相手の思いを的確に汲み取った上で行動できる力です。共感力のある行動によって相手から「この人はよく分かっている」と信頼を得られるため、ビジネスシーンはもとより社会生活においても重要なスキルだと注目されています。

共感力はファッションとも密接な関係にあります。たとえば、学校の新年度、新しいクラスメートと顔を合わせたとき、「この人、いい感じだな」「この人と仲よくなれそう」と感じられる人がいたとします。そのとき、人は何を基準に判断しているでしょうか。相手の外見であることが多いと思います。つまり相手のファッションや雰囲気に共感して「仲良くなれそう」だと感じているのです。

アメリカの有名なイメージ・コンサルタントであるジョン・T・モロイ氏は、教師の服装が教室の生徒の学習能力に影響を与えるかどうかについて調査した結果を著書で紹介しています。「中学校や高校の生徒たちは、くだけた服装の先生たちのことが好きだし馴染みやすい、そういう先生の授業には熱心に取り組む、と口では言っているものの、実際に、授業を熱心に受け、良い成績をあげるのは、コンサバティブな服装の先生たちの授業でした」。おもな理由は「きちんとした服装の先生たちは採点が厳しそうだと思ったので、より長い時間、熱心にその先生たちの学科を勉強したということでした」（ジョン・T・モロイ著『ミリオネーゼのファッション・ルール』ディスカバー・トゥエンティワン)。この結果をふまえて、「生徒が熱心に学習するようコンサバティブな服装をしよう」という選択をしたら、教師は共感力という戦術を利用したことになります。

女性は意識せずとも、普段からファッションに共感力を利用しています。たとえば、有名ブランドのアイテムを身につけることです。エルメスのケリーバッグしかり、シャネル・スーツしかり、カルティエの時計しかり……。ひと目でハイ・ブランドだと分かるアイテムを身につけることで、「リッチである」「ファッションにこだわりがある」などのメッセージを発信しています。このようにファッションは、イメージ戦略としては言葉よりも有効と言えます。

ハイ・ブランドのアイテムを身につけるだけではメッセージは一方通行になってしまう場合もあります。相手によっては「リッチなことを自慢しているの？」と受け取られる可能性もあるからです。共感力をファッションコミュニケーションのスキルにしたい場合は、相手の好みに沿ったコーディネートを心がける必要があります。たとえば相手が好きなブランドのアイテムを身につけることです。きれいにネイルが施された手をしていると思ったら、次回は自分もサロンでネイルをしていくのもいいでしょう。帽子好きな人であれば、帽子をかぶってみます。相手が「あれ？　同じものに興味があるのかな？　話が合うかも」と気づくことで自分に関心を持ってもらえれば、次のステップに行きやすくなります。好感を持ってもらえる会話術としては、相手のしぐさや表情などの動作を鏡のようにマネする「ミラーリング」の実践も効果的です。「ミラーリング」は共感や好感を得る心理テクニックで相手を安心させて話しやすくする雰囲気づくりに役立ちます。

頭の中のクローゼットは満杯であるほど、いい

人が物を選択するとき、何を基準にしているでしょう。自分にとって価値があるかどうかを基準にすることが多いとは思いますが、物の価値基準は相対的であり、時と場合によって変動するとてもあやふやなものです。

ファッションにおいて、若いうちはいろいろ冒険するのが怖くない傾向にあります。年齢を重ねるごとに社会的地位が上がることもあり、無難なファッションを心がけるあまり、自分らしさを抑え過ぎている人も少なくありません。何もアバンギャルドなファッションをすることはありませんが、ときにはトレンドに目を向けるなど、新しいファッショントレンドやアイテムを取り入れてみることも必要です。

私は、かつて帽子メーカーで社内セミナーを半年ほどさせていただいたことがあります。勉強も兼ねて、そのとき毎月一つずつ帽子を新調しました。そして、自分に似合う帽子がどんなものか分かるようになり、それまでは食わず嫌いだった帽子がとても好きになったのです。クローゼットに帽子という新たなアイテムがプラスされることで、ファッションのキャパシティ

が広がりました。近頃は断捨離がブームでクローゼットの中身を減らす方がいいという風潮になっていますが、頭の中のクローゼットは中身がいっぱいであるほどいいと思います。ファッションの経験において、ムダになることは何ひとつありません。成功につながる失敗はおおいに結構。「あのときの、あのコーディネートは失敗だったな〜」と思っても失敗したことが分かっていれば、それはいい経験になり次のステップにつながります。玉川大学脳科学研究所の松元健二教授のグループは、「自分で選んだ感覚＝自己決定感」があると、失敗を成功のもとと捉え、やる気が高まり課題に対する成績も向上する脳のしくみについて明らかにしています。人は一般に悪いことや失敗と捉える経験をしたとき、脳の「前頭前野腹内側部」の活動が低下します。実験において、自己決定感があったときはミスをしても「前頭前野腹内側部」の活動が低下しなかったのです。このことから、自分で選んだ結果なら、失敗してもポジティブに捉えることができる脳内メカニズムがあることが示唆されるそうです。

トーマス・エジソンの有名なエピソードがあります。電灯の発明の途中、フィラメントにふさわしい素材が見つかるまで約六〇〇〇種類もの素材を試したそうです。ある記者から「これだけ失敗したのに続けるのですか？」と質問されたエジソンは「私は失敗したのではなく。フィラメントにふさわしくない素材を見つけただけです」と答えました。人は失敗したときに、恥ずかしさを感じたり、自身を責めたりしがちです。でも、エジソンのように一八〇度考え方を変えれば、失敗は目標に到達するための一ステップに過ぎません。くじけない心が天才をつくり、偉業達成への力となります。

「お・も・て・な・し」のファッション

東京五輪招致への最終プレゼンでいちはやく流行語になった「おもてなし」。これは「もてなす」の名詞形「もてなし」の丁寧語です。「もてなす」の語源は「物を持って成し遂げる」で、物は目に見える物理的なものと目には見えない事柄の両方を示します。つまり、お客さまに対して物理的・精神的、どちらも満たしたサービスを提供するという意味です。

他者を意識して行動することが多いのが、現代の社会生活です。社会の一員として望ましい行動は、他者に不快感を与えないことですが、さらに有能な人であれば、他者に居心地のよい環境をつくりだします。他者に居心地のよい環境づくりを考えるとき、服装のことを頭に入れている人は果たしてどれだけいるでしょう。哲学者である京都市立芸術大学学長の鷲田清一氏は著書『ひとはなぜ服を着るのか』（ちくま文庫）で次のように述べています。「服装をこのように他者たちとの関係のなかで考えようとするときに、一つのすてきな視点があります。衣服は他人の視線をデコレートするものだという考え方です。一つの例がすぐに思い浮かびます。夏にお坊さんやご婦人が白い生地の上に重ね着しているあの絽《ろ》や紗《しゃ》の黒く透けたきものです。これらを重ね着するというのは、本人にはちっとも涼しいわけではないのですから、そこにはむしろ他人への繊細な心配りがあるということでしょう。それはなにより、それをまなざすひとの眼を涼ませるものです」。自分が快適であるかどうかの視点から服を選ぶのではなく、心地良さを提供できる装いを選んで相手をもてなすありようが語られています。おもてなしの心がＤＮＡに刻まれている日本人なら共感を覚えることも多いでしょうし、実践することもたやすいのではないでしょうか。ファッションコミュニケーションの実践編としても、おもてなしの精神がある装いはとても有効な手段といえます。

では、おもてなしの服装はどうやってコーディネートすればいいでしょうか。女性が自分より背の低い相手と会うときはヒールの低い靴を選ぶ、相手がカジュアルなファッションを好む人であれば自分もカジュアルなコーディネートにするなど、相手を観察して優位に立たせてあげられるような装いを選ぶ方法も有効です。

次に、相手の得意とするファッションにテイストを合わせながら、少し間違えた着こなしをしてみるという裏技もあります。そして「私、カジュアルなジャケットの着方が分からなくて」などと、相手からアドバイスがもらえるように会話を誘導するのです。得意分野についてアドバイスを求められて悪い気がする人は、ほとんどいないでしょう。自分の弱点を敢えてさらけだし、相手の懐に飛び込むわけです。不利な状況にある相手に同情し、手を差し伸べたくなる心理を「アンダードッグ効果」といい、心理学的にも効果があるとされています。

訪問先が会社や目的を持ったグループであれば、何らかの集団的特性を持っている場合もあるでしょう。そのときは、訪問先に特性を合わせた服装で自分も同化させるといいでしょう。役所や堅実な企業であれば、スーツを着た人が多く働いているという特性があるため、スーツを選択すればなじみやすいでしょう。就活の定番として黒スーツが浸透しているのも、背景にこの論理があります。ひとり、個性的なスーツを着た人間が存在すると、その場の雰囲気が変わり、同席する企業側の人も、ほかの就活生も落ち着かない気分になることでしょう。ただ、この不協和音は黒スーツが暗黙のお約束になっているからこそ起こり得る状態です。みなが思い思いの服装であればその場のムードは変わります。

つまり、おもてなしファッションは「相手のマネをする」ことからスタートします。それには前述した五感と第六感を駆使した観察が大切です。そして、相手のファッションが意識的だろうが無意識であろうが、何を発信しているのかを感じ取ることでコミュニケーションの突破口が開きます。ただ観察するのではなく、つねに「おもてなし」を意識します。相手にテイストを合わせる場合、自分をなくすのではなく相手と融合させることができれば、さらに良い結果を得られると思います。自分らしさをワンポイント入れ、型だけのマネではなく「共感した上で合わせている（マネしている）」というメッセージの発信になり、心地良さを感じてくれるでしょう。

ただし、人はあからさまにマネをされると不快に感じる場合もあります。これは「自分の価値観を横取りされる」という心理が働き、存在が脅かされていると感じてしまうからです。マネをする際には、あからさまではなくほどほどがポイントです。また、相手から好意をもたれていない場合は効果がありません。嫌いな相手からこれ見よがしにマネをされても、心地よく感じないでしょう。

おもてなしのファッションの根幹は、「私はあなたに好意を持っていますよ」というメッセージです。それがスムーズに伝われば、きっと相手も歩みよってくれます。好意を示してくれた相手には悪い感情を抱きにくいという人間の心理、相手から受けた気持ちにお返しをせずにいられない心の状態を「返報性の原理」と言います。そして、好意を示してくれた相手には自然と好意的な態度をとってしまう心理もあります。これは「好意の返報性」と言います。あまり好みのタイプではない異性から何度も告白されるうちに、いつの間にか好意を感じてしまうという恋愛テクニックもこの心理効果があるからこそ成立します。コミュニケーションにしても、何か他のチャレンジにしても、一度うまくいかなかったからとあきらめずに突き進むことが重要です。意図した結果にならなくても、能動的な行動ゆえの失敗は「成功のもと」と捉えることができ、次に進む力になります。

第5章　美人をあきらめていませんか

美人はほんとうに得か

最近、メディアでの呼称として「美人すぎる○○○」という表現が人気です。○○○には何らかの肩書きが入りますが、美人とはほど遠いイメージのアカデミックな分野との組合せになることが多いようです。「○○○を発見した研究者」であるとか「○○○という新説を発表した学者」などではなく、「美人すぎる」という冠のほうが人の目を引きつけるからでしょう。

では、なぜ人は美人に注目するのでしょうか。米・アリゾナ州立大学の心理学者であるヴァーン・ベッカー氏が美人に関するおもしろい実験を行ったと心理学者・内藤誼人氏が紹介しています。四九人に神経衰弱ゲームをしてもらう際、トランプではなく人の顔写真のカードを使いました。ランダムな顔写真の中で美しい女性のカードほど早く揃ったそうです。美人のほうが記憶されやすかったと言えます。

心理学で使う「魅力バイアス」という言葉があります。美男美女など見た目が魅力的な人に対して、見た目以外の要素（性格・人間性・運動神経・仕事の有能さ……など）も優れていると思い込んでしまうという、認知に生じるある種の「ゆがみ」を指した言葉です。美男美女は他人からの期待値が大きくなりがちなのは、人間心理のよくあるパターンのひとつです。

こんな実験事例もあります。カナダ・セントメリーズ大学の学生、約一七〇人を対象に強盗犯に関する裁判資料を読んだ上で裁判官のつもりで有罪か無罪かの判定をさせました（参考『スクールソーシャルワーカーだより』二〇一四年五月号より）。学生半数には穏やかな顔をした被疑者の写真、残り半数には目つきが悪い被疑者の写真を添えました。その結果、穏やかな顔の被疑者を有罪と判定した学生の割合は約五二パーセント、悪そうな表情の被疑者を有罪にしたのは約七七パーセントだったそうです。裁判資料はすべて同じ内容でしたので、写真から受ける印象に左右されたのだろうと想像できます。

美人は初対面の相手に対して、苦労せずとも好印象を与え、人によっては、その後もずっと好印象をキープできます。これは第1章でも紹介した「ハロー効果」の成せる技です。「ハロー（Ｈａｌｏ）」は「Ｈｅｌｌｏ」ではなく「太陽や月の光の輪」の意味で、「ハロー効果」とは物事や人物への理解において、ある顕著な特徴があったとき、意識せずともそれが全体の印象にまで影響を与えてしまう心の動きです。これは、前述の「魅力バイアス」と合わせて考えれば分かりやすいと思います。つまり、ある人の特徴が「美人」だったとき、「美人＝いい人」「美人＝やさしい人」「美人＝上品な人」などのプラスのイメージがつくられやすくなるのです。「美人」と認定された人が、その後どんな行動をとろうともマイナスイメージにつながりにくくなります。「美人は得だ」と言われるのは心理学的に説明できるわけです。

「美人＝性格がいい人」と考える傾向は、実験でも明らかになっています。

「ミルズとアロンソン（１９６５）の研究です。この研究はそもそも、魅力的な人は魅力的でない人に比べて他人に対して説得力があるかを調べたものでしたが、（中略）一人の女性をサクラにしてその女性の印象を実験参加者に尋ねました。半分の実験参加者には、この女性をメークアップして美人にした状態で見せ、残りの半分の実験参加者には、逆にメークダウンしてあまり魅力のない女性にした状態で見せました。

実験の結果、メークアップで魅力的になった女性は魅力的でない状態に比べて、『やさしく』『好感が持て』『陽気で』『落ち着いていて』『チャーミングで』『ファッショナブルで』『きちんとしていて』『ロマンチックで』あると認知されることがわかりました。もちろん、魅力ある人のほうが、人を説得する影響力を持っているということもわかりました」（越智啓太著『美人の正体』実務教育出版）。

人は五感で受け取った情報を脳のＲＡＳ（Reticular Activating System・網様体賦活系）という神経組織のフィルターにかけて、自分が欲しいと思っている情報だけを選んでいるそうです。たとえば、好きだと思っている異性の声を大勢の話し声の中から聞き分けたり、自分が欲しいバッグを持っている人だけが街でやたら目についたりしたことはありませんか。脳の機能からしても、「美人は内面も美しい」という思い込みがある人には、美人の良い面しか見えていないことが多々あるのです。逆に「美人に性格の良い人がいる訳がない」という価値観を持った人には、美人のマイナス面しか見えません。ひとりの人間にはさまざまな面があり、その中からどの要素をチョイスするかは、相対する人の価値観次第です。Aさんにとっては「美人で性格もきれい」な人も、Bさんから見れば「美人なだけに横柄」な人になってしまいます。そのどちらも真実であり、真実ではありません。美人でいて人気がある人は、誰からも性格が良いと思われるような言動を取ることに最大限の努力をしている人かもしれません。

美人の条件は目鼻立ちだけではありません

美人の定義は相対的で人の価値観や時代によっても変化する、とても流動的なものです。たとえば、平安時代の美人は「豊かな長い髪・色白の肌・ふくよかな体つき・しもぶくれ気味の輪郭・大顔・引目と呼ばれる細い眼」などが条件であったというのが通説です。現代と共通するのは、「色白の肌」くらいでしょうか。当時は食べ物が豊かではなかったため、太っていることが豊かさの象徴でもあったと言われており「ふくよかな女性＝お嬢様」が、美人の条件に加えられていたようです。

戦国時代の代表的な美人のひとりに織田信長の妹であるお市の方がいます。お市の方の肖像画を見ると、長い黒髪に白い肌、細い眼などは平安時代と変わりませんが、顔は細面で体型もふくよかではなくなっています。乱世の時代には凛として芯の強さを感じさせる女性が美しいとされていたように思えます。

江戸時代の美人は「色白・きめ細かな肌・細面・ちょぼ口・涼しげな目元・筋が通った鼻・富士額」が条件だったようです。当時のアイドル的存在だったのが笠森お仙です。「鍵屋」という茶店の看板娘で浮世絵師・鈴木春信のモデルになったことで人気となり、お仙グッズまで販売されるほどでした。鈴木春信の浮世絵を見ると、確かに色白・細面で鼻筋が通っており、涼しげな目元をしているお仙が描かれています。現代の基準からしても美人と言えそうです。井原西鶴の「好色五人女　お夏清十郎」に「低い鼻を高くしてほしいと神社で無理な願いことをする」という記述があり、この頃から高い鼻が美人の基準として定着したようです。

明治時代になると「ぱっちりとした眼・顔は長め・高い鼻・色白」などが美人の条件として定着しました。西洋文化の影響を受け、洋装やパーマネントや断髪などのヘアスタイルも流行したことにより、西洋的な顔立ちを美人と感じるようになっていったのでしょうか。日本初とされる美人コンテストからもそのことがうかがえます。一九〇八年（明治四一年）に時事新報社が「日本美人写真募集」というキャンペーンを開催し、記録に残るものではこれが全国規模で開催された初めての美人コンテストだそうです。優勝したのは末弘ヒロ子さんという一六歳の女学生でした。このコンテストはアメリカの新聞『シカゴ・トリビューン』紙が企画した

「ミスワールドコンテスト」に参加するためのもので、アメリカやイギリスなど日本を含む六カ国の代表から世界一の美女を決めることになっていました。末弘さんの写真は『シカゴ・トリビューン』に掲載されたそうですが、何位になったのかは残念ながらわかりません。ただ、おそらくは世界の美人と並んで見劣りがしないはっきりとした顔立ちである末弘さんだからこそ、日本で一位に選ばれたのであろうと推察できます。このころの美人の定義が、ほぼ現代にまで継承されているのではないでしょうか。

心理学で、人は左右対称の顔を美しいと感じるとしています。左右対称の顔は健康であり、免疫的にも強いことを示しています。「物を噛むときは両方の歯を左右バランスよく使う」など、ちょっとした生活習慣で左右対称の顔に近づけることはできます。また、女性であればメイクでバランスを整えることも可能でしょう。そして、メイクで鏡を見るときに「私は美人だ」「私は日に日に美しくなっている」など、自己暗示にかけてみることも有効です。ただし、猜疑心を持ったまま実行してもあまり効果は望めません。ポジティブな気持ちで取り組むことが重要です。

世の中には「雰囲気美人」という言葉があります。顔の造作は整っていないのに美人オーラが出せる人がいます。もし身近に雰囲気美人だと思える人がいれば、まずよく観察してみてください。おそらく、その女性はスタイルやファッションセンス、ビジネスシーンでの有能さなどで、自分で自信が持てる要素がある人だと思います。

上質な服やハイブランドの服などは着る人を美しく演出してくれる「美人になれる服」が多いので、試してみるのもいいでしょう。身体に合ったサイズ感が大切なので、必ず試着をし、場合によってはお直しを利用するなどして美しいシルエットで着ることを心がけましょう。

上質の服でサイズも合っているはずなのに袖を通してみると、あまり美しく見えないという場合、姿勢が悪くなっているかもしれません。パリコレなど一流のファッションショーのランウェイを歩くモデルが服を美しく見せられるのは、歩き方であり姿勢です。「私の姿勢は悪くない」と思っている人も多いでしょうが、次のようなヨガのポーズを試してみてください。

①足の親指の付け根を合わせて立つ。
②膝を曲げて両足の内股を隙間なくつけたまま、足を伸ばす。
③両肩を後ろに回してそのまま腕を下ろす。手は自然に身体に沿わせる。
④目線を少し上げ遠くを見る。

これは、ヨガで「山のポーズ」とも言われるポーズです。この一連の動作をしたときの姿勢が、本来あるべき姿勢です。おそらく、背筋や太ももに普段と違う違和感を感じる人が多いのではないでしょうか。人は日常生活で受けるストレスによって自律神経やホルモンバランスに乱れが生じます。恐れや不安などを感じたとき、筋肉が緊張し、血圧が上がり、呼吸が浅くなり、胃腸の調子がおかしくなる……、これらの症状はだれもが経験したことがあるでしょう。また、毎日数時間パソコンに向かっている人は、前傾姿勢になりがちです。いろいろな日常の積み重ねが姿勢にゆがみを生じさせてしまいます。姿勢の悪さが全身のリンパの流れを滞らせ、代謝が落ちることで痩せにくくなり、老化にもつながります。正しい姿勢が美人を作るのは見た目だけではありません。前述の「山のポーズ」を毎日五～一〇分続けるだけでも姿勢改善の効果が期待できます。

美人の条件として加えたいのが、つやつやした美肌でしょう。越智啓太氏の著書『美人の正体』の中でリトルとハンコックが二〇〇二年に行った肌と好印象の関係についての実験が紹介されています。

「用意されたのは、男性の顔で4種類のカテゴリーのものです。1つ目はオリジナルフェイス、これは何も加工されていない男性の顔写真です（A）。2つ目は、（中略）平均顔、もちろんこの顔はハンサムでお肌がすべすべになります（B）。3つ目は、平均顔だけれどもお肌はオリジナルフィスのものを使用したもの（C）、そして4つ目は、オリジナルフェイスでお肌をすべすべにしたものです（D）」。

平均顔とは、複数の人間の写真を重ねて加工した顔で、人の顔は平均化が進むほど美形に見えて肌のくすみなども薄くなってすべすべになっていくというデータがあります。

これら四枚の魅力が高い順を調べた結果、一位はBで最下位はAでした。これは予想通りでしたが問題はCとDです。顔の造りからすればCのほうが美形と感じるはずなのに、Dとの評価の差があまり見られなかったそうです。つまり、肌の美しさは顔の美しさに匹敵する魅力があると言える結果になったのです。「色の白いは七難隠す」と昔から言われる通り、美しい肌は人を魅きつけてくれそうです。

＜コラム＞

素肌美人と化粧品

つやつや素肌美人を目指して化粧水や美容液、クリームなどをひたすら肌に使ったり、洗顔やピーリングで肌の角質を落としたりするのは、ちょっと待ってください。つやのある肌になるためには過剰なお手入れは逆効果かもしれません。その理由のひとつには肌の常在菌が大きく関わっていると、医学博士の青木皐氏は著書『ここがおかしい菌の常識』（集英社文庫）で紹介しています。それによると人の肌は常在菌＋体から出る皮脂の脂肪酸による二重のバリアによって守られているそうです。「皮膚というのは、意外なことにいちばん表面は二、三日で生まれ変わっているから、放っておいても汚れは垢とともにはがれ落ちていく。汗をかきやすいところをせっけんを使って洗い、あとはサッと湯で流せばそれで健康的な肌になる。それを、洗浄力の強いものでバリアを失うほどごしごしやってしまうから、肌が荒れる。（中略）洗いすぎを避けて、保湿性のあるクリームを少しすり込み、手や、足のかかとなどを尿素配合のようなクリームで保護しておけば、常在菌が減りすぎも増えすぎもしない、健康で正常な肌になるはずだ」と青木氏は著書で語っています。お金も手間もかからない美容法と言えるので、試してみませんか。

もうひとつ、健康的な肌のためには正常な新陳代謝が必要です。健康的な内面があってこそ美肌が作られます。それには、食べものも重要なファクターです。中医学の考え方からするとつや肌になるためには毎日「赤・緑・黄・白・黒」の食材をバランス良く摂ることをおすすめします。赤や緑の食べ物は血を作り、血の巡りを良くします。肌の潤いアップには白いもの、リフトアップには黄色い食べ物がいいとされます。黒い食べものは内臓を潤してくれます。肌のたるみは胃腸が弱っている証拠です。いくら肌のお手入れをしてもジャンクフードやインスタント食品ばかり口にしていては、美肌にはなれません。今日、食べたものが明日の肌をつくります。身体の内側から見直せば、つやのある肌になるのはもちろん、元気に生き生きとした毎日が表情を明るくすることで人間的な魅力もアップするのではないでしょうか。

〈美肌をつくる食べもの〉

赤（クコの実、なつめ）　緑（ねぎ、にら）　黄（さつまいも、かぼちゃ）　白（大根、はと麦、生姜）　黒（黒豆、きくらげ、ごま）

肌は心、内側の感性が美をつくる

女性が外出する際に必ず身につける下着はブラジャーとショーツ、人によっては肌着やキャミソールやガードルなどでしょうか。現代女性はこれらの下着をいつから習慣的に身につけているのでしょう。第二次世界大戦まではまだ和装の女性が多かった日本ですが、戦後、戦勝国であるアメリカ文化に席巻され、日本女性の普段着も洋装化します。時を同じくして生まれたのが国産のブラパッドやブラジャーでした。もともと和装の着こなしは胸を抑えつけるのが基本です。洋装の場合、バストラインを高くしてウエストを細くするシルエットが美しく見えるという点に着目してブラパッドを発明した人物が、ワコール創業者と共に商品化をしたのが一九四九年でした。この見込みは大当たりをし、ブラパッドは大ヒットします。ブラパッドを装着しやすくするためにブラジャーも開発されました。美しく服を着るために、下着が重要だと多くの女性が捉えています。

ワコールが女性にとっての下着の意味について調べたデータがあります（二〇〇七年、首都圏ならびに近畿圏に居住する一八歳から五九歳の女性個人を対象にしたウェブ調査）。「下着全般に関する考え方」で一位は「自分の好みに合わない下着をつけると気分がよくない」（七九・八％）、二位が「下着とは、見えなくてもこだわるべきものだと思う」（七二・三％）でした。「お気に入りの下着を着用するときの気分や態度」という質問には「ココロが引き締まる」

（七七・七％）、「女らしい気分になれる」（七七・五％）、「いつもより輝いて見える」（七五・七％）、「気合いが入る」（七五・一％）、「安心感にひたれる」（七四・六％）、「いいことがありそう」（七四・〇％）などが上位になりました。ワコールではこれらの調査結果から、女性は下着の効能として「気合力」「オンナ力《りょく》」「癒し力」「開運力」を期待していると分析しています。たしかに女性にとって下着とは、たんに服を美しく着るための機能性アイテムではなく心理的に大きな影響力を持った、言わばメンタルトレーニングツールともいえるでしょう。

下着とメンタルとの密接な関係を表す例としてあげられるのが、スポーツ関係者のゲン担ぎです。元楽天監督の野村克也氏は勝った試合の後、負けるまでラッキーカラーのパンツを履き続けたというエピソードがあります。女子サッカー・なでしこジャパンで活躍したFWの丸山桂里奈選手は大事な試合のときに身につける勝負下着があると語ったと、二〇一一年のスポーツ紙で報じられています。記事によると青いTバックとピンクのスポーツブラの組み合わせで、青は日本代表のチームカラーでピンクはなでしこジャパンのイメージカラーというこだわり、そしてTバックは「気合を入れるため」だったそうです。

第4章で触覚という身体感覚について解説しましたが、日本人は肌でいろいろなことを感じ取る感性に昔から優れていたようです。「肌＝心」という考え方も普通でした。医学博士である青木皐氏は著書『人体常在菌のはなし』（集英社新書）で日本人と「肌」との関係性について次のように記述されています。「日本人には『肌』への独自の思い、独自の感覚があるようだ。

その感覚は、次のようないい回しに見て取れる。『肌があわない』……気質・気立てが合わない。『肌で感じる』……理論でなく、直接の経験で感じる。『肌を許す』……気を許す。また、女が男にからだをまかせる。『ひと肌脱ぐ』……ある事について力を尽す。『職人肌』『学者肌』……職人に特有の気質。学者に特有の気質。（中略）『肌』は、『人体の表面』という域を超えて、人の内面的なもの、人間関係における距離感を表わす大切な言葉として使われている。また、仕事や稽古事などで、『頭で考えるな。体で覚えろ。肌で感じろ』といういい方もされ、肌や身体の感覚が重視される考え方によく接する」。

肌には微弱な電流が流れていて、それは気分や感情によって変化すると言われます。また、「セロトニン」「ドーパミン」「アドレナリン」など脳内物質の受容体があるとも言われています。「セロトニン」は幸せ感、「ドーパミン」はやる気、「アドレナリン」は活動的な気持ちを高める物質で、いずれも人をポジティブにしてくれます。肌とメンタルの深い関係が少し理解いただけたかと思います。

日本人の感性は、肌と心の密接な関係に昔から気づいていました。これらのことからも大切な日の下着選びは、服選び以上に重要だと理解していただけると思います。具体的な下着の選び方と付け方については後でくわしく解説するとして、私が提案したいのは「朝と晩で下着のパンツを履き替えよう」ということです。まず、夜、入浴後に下着を替えるとは思いますが、夜用にはゴム部分が緩くて肌あたりが心地いい、リラックス効果が高いものにしましょう。素材は綿一〇〇パーセントなど天然素材をおすすめします。もちろん清潔であることが前提です。「私は健康のために夜は下着はつけない」という考え方の人もいるでしょう。その場合は、清潔さを保つためにパジャマやシーツなどは毎日洗濯してください。その手間を考えると下着を毎日替えるほうが手軽だと思います。そして、朝は洋服に合わせて下着をコーディネートして欲しいのです。洋服に響かない色や形であることはもちろん、その日のスケジュールに合わせてラッキーカラーを身につけるのもいいでしょう。デートの予定があればお気に入りのデザインの下着で気分もさらにアップします。他人に見せる見せないにかかわらず、ハッピーな気持ちにしてくれるでしょう。最近、アパレル業界では下着のことを「インティメート・ウエア」と表現することが多くなってきました。「インティメート（intimate）」とは「親密な」「居心地のよい」「打ち解けた」という意味です。肌の上に直接着用するインナー（下着）、レッグウエア（靴下類）、スリーピングウエア（寝巻き）などが含まれます。下着とのいい関係を育むことで気持ちのコントロールができるとしたら、それはステップアップにもつながります。いま一度、下着を見直してみませんか。

大人雑貨で美人モードに

ホテルマンは靴を見て客質を判断するという話があります。「一流の人には靴を手入れする専属のスタッフがいます。身なりが良くても靴の状態が悪ければ一流を装っている人間かもしれないので行動に注意」という考えからだそうです。ビジネスシーンでは「きちんと手入れされた靴を履いている人は細かな配慮ができる」というイメージが定着しているようです。

カンザス大学の心理学教授オムリ・ギラス氏が、靴から所有者の情報が読み取れるかどうかについて行った実験があります（２０１４年8月 *Jornal of Research in Personality* vol. 46掲載「Shoes as a source of first impressions」）。

二〇八人の足元の写真を六三人の生徒に見せた後、それぞれの写真の人物について「社会的地位」「性格」「外交的か内向的か」などを推測してもらったそうです。結果は、ほぼすべての写真の人物の特性を生徒たちは当てることができました。さらに、この実験結果を分析すると

・高価な靴を履く人は高所得者。
・派手でカラフルな靴を履く人は、外交的で優しい。
・実用的で機能性のある靴を履く人は親しみやすい。
・アンクルブーツやブーティーは積極的で攻撃的なタイプ。
・履くのに手間がかかる靴はおとなしい性格。
・ありきたりな靴の人は見た目にも特徴がなく、マイペースで人間関係が苦手。

などの傾向が見られたそうです。この結果からギラス氏は「靴は履いている人の情報を発信する非言語的なメッセージでもあるため、靴にもっと注意をはらうべき」と述べています。

靴に限らず、身につける小物はすべて自分の分身と言っても過言ではありません。相対する人は、バッグや靴、アクセサリーなどにその人がどんな人かを感じ取っています。シチュエーションに応じて小物でセルフプロデュースできれば、望んでいる結果を手に入れる近道になるでしょう。たとえば、レザーアイテムは色とグレードを揃えることが基本です。靴・バッグ・ベルトなどの色を統一すると洗練された印象になります。自分らしさをよりアピールしたい場合は、レザーアイテムにインパクトがある物を選ぶと効果的です。色については、後でくわしく解説します。

リラックス感や親しみやすさを演出したい場合は、最近のトレンドである「エフォートレス」な着こなしもいいでしょう。「エフォートレス（effortless）」とは、女性誌『ＥＬＬＥ』が発信したトレンドで、正式には「エフォートレス・シック（effortless chic）」。肩の力を抜いた大人のカジュアルファッションを意味します。イメージはフランスの女優シャルロット・ゲンズブールやソフィア・コッポラ監督のスタイルです。着こなしのポイントは「サイズが大きめの服でリラックス感をだす」「身体のラインを出さない」「ボタンを開けて肌を少しだけ見せる」など。ビジネスシーンでエフォートレス・スタイルは難しいかもしれません。たとえば、上下揃えたスーツではなくジャケット＋スカートやパンツにしブラウスのボタンを多めに外す、またはジャケットは少し大きめの物を選び袖をまくり上げる……などを取り入れるといいかもしれません。

もうひとつ、最近のトレンドワードに「ノームコア（normcore）」があります。「ノーマル（normal）」と「ハードコア（hardcore）」を合わせた造語で、意味は「究極のふつう」。色味を抑え、色数も少なくしたモノトーンコーデでありつつ、こなれ感があるファッションスタイルのことを指します。ノームコア・スタイルの代表はアップル創業者の故スティーブ・ジョブズ氏です。『スティーブ・ジョブズⅡ』（講談社）によると「ともかく、このときジョブズは三宅一生と知り合い、彼のもとをときどき訪ねるようになる。やがて自分用に制服を用意したらいいと思うようにもなった。そのほうが毎日便利でもあるし（彼はそう考えている）、特徴的なイメージも伝えられるからだ。『だから、気に入った黒のハイネックを作ってくれとイッセイに頼んだら、100着とか作ってくれたんだ』」。

人目を気にするより自分らしくあれ、というのがテーマともいえます。ジョブズ氏のタートルネックはイッセイミヤケのオーダーメイド品で、ジョブズ氏のこだわりが詰まった唯一無二のタートルネックでした。ノームコアならではのさりげなさやシンプルさは、本人のこだわりにプラスしてアイテムの質の高さも重要です。

美人になる裏ワザは色のトリック

かつてDCブランドが日本を席巻した時代があります。そのとき、全身を黒でコーディネートした、いわゆる「カラス族」ファッションが流行しました。それ以前のニュートラと称されたお嬢様風ファッションと相反するテイストであったため、とても斬新だと当時は話題になりました。以来、全身ブラックカラーのスタイルはモード系ファッションの定番として認知され、ファッションの中で「黒」は、斬新・神秘的・大人っぽいなどのイメージを確立したように思います。

普通、色は光を反射する特性を持っていますが、黒はすべての光を吸収してしまう特性を持っています。そのため、人は黒に対して独特の存在感があると感じるのでしょう。ファッションの分野においては引き締めてスリムに見せてくれるという効果も期待されています。一方で、黒には重い・硬いといったイメージもあります。また、光を反射しない特性から肌の色を美しく見せない色であり、その結果、老けた印象になる危険性もあります。

黒の利点としては、他の色を引き立たせてくれる作用もあるため、ポイントカラーとして使うといいでしょう。黒の独特の存在感を利用して「私はほかと違う」という自己アピールをしたいときにも効果的です。反対に自信の無さや心の弱さを隠しきれずに黒でコーディネートするとネガティブなオーラを発して隠したい要素を浮き上がらせてしまうので、要注意です。

もし、あなたの職業が占い師であれば黒はぴったりです。神秘的で影のような存在という印象を相談者に与えられますし、実年齢よりも老けて見えたとしても経験豊富な印象となり言葉に説得力が生まれるかもしれません。もし、あなたの仕事がチームワークを大切にする内容であったり、取引先の人とのコミュニケーションが大事な仕事であれば、黒がメインのコーディネートは避けたほうがいいでしょう。「何か話しづらいな」「何を考えているのかわからない人だな」「何か悲しいことがあったのかな」などと誤ったイメージを相手に与えかねません。黒は使い方ひとつで毒にも薬にもなる、まさに魔力を秘めた色なのです。

白は、太陽光線の七色の光をすべて合わせた色です。花嫁の着るウエディングドレスは純白が多く、コックさんのユニフォームも白が一般的なことからもわかるように、白は清潔感や信頼感を感じさせる色です。

白は光の反射率が高いので、顔の近くに置くと肌色を明るく見せ、シミやシワなども目立ちにくくしてくれる利点があります。タレントなどが写真を撮るときに顔色を美しくするために光を反射させて顔に当てるレフ板を使いますが、それと同じ原理です。「美肌に撮れる」がうたい文句のプリクラも四方を白い壁で囲み、光を乱反射させて肌色がキレイな写真が撮れるようにしてあります。

一方で、白は膨張色でもあるのでコーディネートをする場合、全身に使うとスタイルが悪く見える可能性もあります。トップのみを白にすれば、レフ板効果で肌を美しく見せることができるでしょう。着物のように首もとに白襟を持って来るのも有効です。ウエディングドレスの場合、最近人気のガーデンウエディングであればさらにメリットがあります。天気さえよければ、陽の光を反射して全身が光り輝き、花嫁を一層美しく見せてくれそうです。

脳には「同調現象」という性質があるそうです。これは、外部から入ってきた周波数に脳波が近づこうとする現象です。たとえば「α波ミュージック」という音楽のジャンルがあります。α波は人がリラックスしているときの脳波の状態（八～一三ヘルツ）で、α波を出す音楽を聞かせるとそれをキャッチした脳が脳波をα波に合わせようとするため、リラックス効果が期待できると言われています。

α波ミュージックは音の話ですが、色にも波長があり、その波長が脳に影響を与えるとされています。まず、色について簡単に解説します。太陽の光にプリズムを当てると虹のような色の帯を見ることができますが、この色の帯をスペクトル＝波長と言います。このうち人が見ることのできる特定の波長の色は「可視光線」と呼ばれます。人が識別できるのは三八〇～七八〇ナノメートルの範囲内です。たとえば、赤は六一〇～七五〇ナノメートル付近で、脳が赤系の色を認識します。

一般的に、脳は見た色によって、さまざまなホルモンの分泌を促されると考えられています。詳しくは以下の通りです。

〈色の効果によって分泌が促進されるホルモンの種類〉

・レッド　アドレナリン（血流促進）
・オレンジ　インシュリン（健康増進）
・イエロー　エンドルフィン（鎮静効果）

・グリーン　アセチルコリン（成長促進）
・ブルー　セロトニン（精神安定）
・バイオレット　ノルアドレナリン（鎮痛効果）
・ピンク　エストロゲン（美肌、若返り）

これらはあくまでも一般的に言われている効果です。個人的な体験によって人にはそれぞれ色に対するイメージに違いがあるため、万人に当てはまるわけではありません。

東洋医学において、近年「色彩治療・色彩療法」が取り入れられていると聞きます。人の身体にある六〇兆個ともいわれる細胞にはそれぞれ波長があり、体調が悪くなったときはこれら細胞の波長は弱くなります。その弱くなった部分に正常な波長の色を当てることで、波長は通常の数値に戻り、体調も回復するそうです。色のパワーは使い方によっては効果が無限大です。病気の治療とまではいかなくても、内面を強くする処方箋のひとつとして知っておいてもいいかもしれません。色については別の章で詳しく解説します。

第6章　着る勉強をしてきましたか

「三つ子の魂」が成長のカギ

私たちの被服に対する意識は、いつ頃から芽生えるのでしょうか。それは、脳の発育と関係しているように思えます。一般的に、人間の脳の六〇～七〇パーセントは三歳頃には完成していると言われます。そして九歳頃に脳の発育はほぼ終了します。つまり、三歳児ともなると、大人が思っているより遥かにいろいろなことを考える能力が備わっています。二歳～三歳時の子どもの通過儀礼と言えば、いわゆる「イヤイヤ期」でしょう。自我が芽生えることによって自己主張をはじめます。

心理学的には「第一次反抗期」とも呼ぶ「自我の芽生えの現れ」は、脳が発達していっている証と言えます。ドイツの心理学者であるH・ヘッツアー氏による調査では、幼児期にはっきりした反抗期を示した子どもの多くは青年になったとき意志の強さが正常に機能し、一方、反抗期が明確になかった子どもの多くはその後も物事の計画や実行について大人に依存しがちという傾向が見られたと報告されています。

イヤイヤ期の子どもにありがちな行動のひとつに「親が選んだ服を着てくれない」ことがあげられます。親から見ると「天候に合っていない」「トップスとボトムスの組合せが変」など、一見、不都合な服を選び、頑として他の服を着ないのです。ファッションコミュニケーションの視点からすると、これはおしゃれに対するアイデンティティーを育てる上で、とても重要なプロセスになり得る現象です。自分が選んだ服を着たときの高揚感や達成感、幼稚園や保育園での他者からの嘲笑などのさまざまな経験を得ることで服に対する価値観も育てられます。

多くの人が「イヤイヤ期」でおしゃれの勉強をスタートさせるとしたら、その後はどういう経過を辿るのでしょうか。

成長していく上で、それぞれの年代を象徴するファッションがあります。多くの幼稚園では制服があり、小学校でも制服着用が義務づけられる場合があります。制服はなくても小学生にはランドセルというマストアイテムが存在します。そして、中学・高校と進学していきますが、このときもほとんどの学生が制服を着用することになります。自分は集団の中のひとりだという自覚が芽生えるのに、制服の着用は大きな役割を担っています。

「ペルソナ」という心理学用語があります。「ペルソナ＝仮面」で、簡単に言うと「外面（そとづら）」のことです。人は、家族に見せる自分の姿をそのまま学校のクラスメイトや先生、会社の同僚や上司に見せることはほとんどありません。学生らしく、または社会人らしく振る舞っています。心理学者・ユングによると、人がペルソナを被る理由には大きく二つの意味があります。ひとつは素の自分を守るため、もうひとつは社会生活における対人関係をスムーズにするためです。そのときに属している社会や集団における自分自身の役割を明確にするには制服というツールはかなり有効です。役割が明視化されるばかりでなく、着用した本人にも制服というペルソナのおかげで与えられた役割が明瞭になります。

思春期の自我の芽生えとしての「第二次反抗期」は小学校五年生頃からとされています。この頃から、親や大人のいうことに逆らう行動が目立ち始めますが、中学生になると制服を大胆に改造したり、校則に反して髪を染めたりする子どもも現れます。その子なりにアイデンティティーを模索している葛藤期です。この時代の制服は、社会に適応していく感性を育成するだけでなく、人によっては自己を確立していくためのキーアイテムにもなり得ます。

また、いわゆるヤンキーファッションではなく、校則の枠の中で制服に少し手を加えて自分なりに着こなす楽しさを見いだすことがファッションへの興味を育てる場合もあります。

学生服の大手企業・尾崎商事（現・菅公学生服株式会社）が二〇一〇年に行った「制服の着崩し実態調査」があります。全国の制服のある学校に通う中高生四〇〇人を対象にインターネットで実施した調査によると、制服の着崩しについて「いつも着崩している」「たまに着崩している」を合わせると高校生四一・五パーセント、中学生一七・〇パーセントだったそうです。着崩しをする理由のトップは「着崩さないとダサイから」が高校生三四・九パーセント、中学生四一・二パーセント。二位は「着崩しをするとおしゃれに見えるから」で高校生三〇・一パーセント、中学生二九・四パーセントでした（菅公学生服株式会社カンコーホームルーム「制服の着崩し実態調査」http://kanko-gakuseifuku.co.jp）。子どもたちにとって「おしゃれであること」は自己のアイデンティティーに大きな意味を持っているとうかがえます。

また、「着崩さないと真面目に思われるから」が高校生六・〇パーセント、中学生一七・六パーセント、「自分だけ着崩さないと仲間外れにされそうだから」が高校生三・六パーセント、中学生五・九パーセントという数字もあります。一部の子どもたちにとって、服装は集団生活において他者との距離感を計る重要なツールにもなっていることが分かります。

ドレスコードで大人の仲間入り

前述の尾崎商事が同じく二〇一〇年に、大人たち（全国の二〇歳以上の男女八四六人を対象）は中高生の制服の着崩しをどう感じているのかインターネットで調査したところ、「かっこ悪い」「どちらかというとかっこ悪い」の合計が二〇代は八五・二パーセント、三〇代は八九・五パーセント、四〇代も八九・五パーセントでした（同前「制服の着崩しと学校イメージ」）。集団の内と外とでは、ひとつの服装に関する価値観が真逆になることもあるわけです。この事実をしっかりと子どもたちに伝えておかないと社会に出たときのデメリットポイントになってしまいます。

衣服にはさまざまな種類があり、生活行動によって着るものが変化します。行動と衣料の関係を図にすると次頁のようになります。

ある場所に参加する際に定められた服装の規定を「ドレスコード」と言います。結婚式をはじめとする冠婚葬祭などのフォーマルな場面や格式あるホテルのレストランやメインバー、豪華客船のクルーズ旅行、会社や組織の公式行事などで使われます。ひとくちにドレスコードといっても種類があります。たとえば、豪華客船などでは、その日のディナーのためのドレスコードの指定があり、船内新聞などで告知されるそうです。カクテルドレスを着た人の隣にカジュアルなワンピースを着た人が座ることはないわけです。ちなみに、最低限のマナーとして知っておきたいこととして、デニム（ジーンズ）はドレスコードがあるようなオフィシャルな場では着用できません。デニムとはもともとワークスタイル、つまり作業着です。いまはハイブランドもおしゃれなデニムファッションを発信していますが、あくまで遊び着として認識しておきましょう。結婚式などは「平服でお越しください」と招待状にあってもデニムは論外です。プレゼンテーションや商談の場面でもデニムは良くありません。

「平服でお越しください」という文言についてもう少し説明すると、平服とは略礼装を指すのが一般的です。女性であれば昼の席の場合、おしゃれなワンピースかスーツ、セットアップがいいでしょう。夜の席であればサテン生地など華やかな素材のワンピースかスーツです。足

生活行動による衣料のセグメンテーション

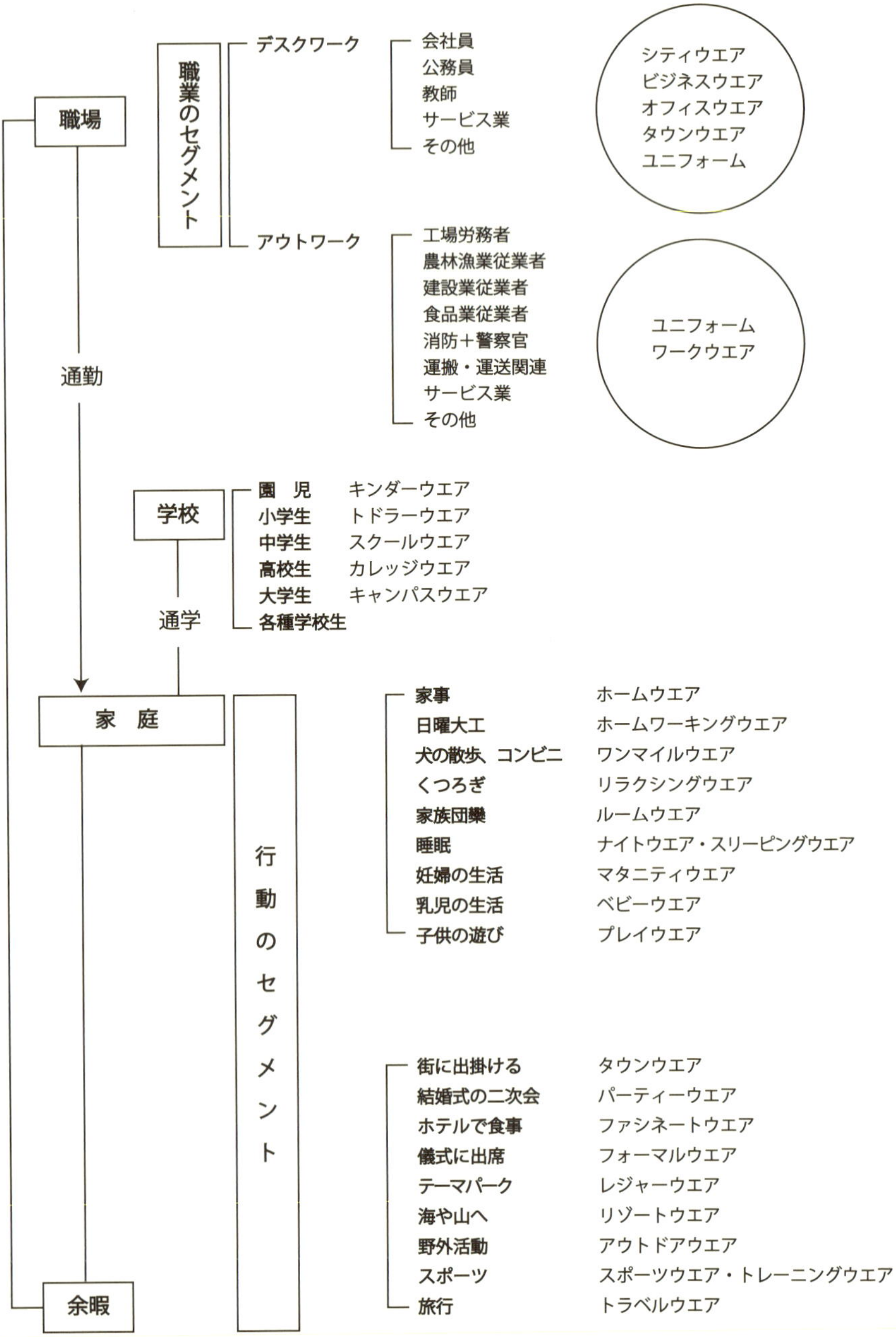

元はパンストにヒールのあるパンプスが基本です。平服＝普段着でないことだけは忘れないでおきましょう。

冠婚葬祭の中でも、とりわけ気をつけたいのがお通夜のドレスコードです。お通夜とは訃報を聞いた近親者が取り急ぎかけつける儀式なので、学校や仕事の帰りの服装でもいいと考えがちですが、マナーとしては基本的に、黒の着用が望ましい場面です。黒以外としても濃いグレーや濃紺までが許容範囲でしょう。そして、付け加えたい要素が「上質な素材の服」であることです。葬祭用のフォーマルウエアはあまり流行に左右されず長く使えるので自分への投資として一着用意しておくといいでしょう。

［一般的なドレスコード］女性編

■正装・フォーマル

昼はアフタヌーンドレス、夜はイブニングドレス

■準礼装・セミフォーマル

ロングドレス、カクテルドレス、ワンピーススーツ、スカートスーツ

■略礼装・インフォーマル

ワンピース、ツーピース、スカートスーツ

クローゼットには一〇アイテム、二〇着あればいい

昨今の「断捨離」ブームは定着した感があります。さらに進んで、物を持たずシンプルに生活するミニマルライフに移行する人も増えていると聞きます。片づけられない人も社会現象のひとつとしてテレビなどでもよく取りあげられています。そもそも断捨離はヨガの「断行《だんぎょう》・捨行《しゃぎょう》・離行《りぎょう》」という三つの行法を応用した考え方です。それぞれに「断＝入ってくる不要な物事や欲望、習慣を断つ」「捨＝不要な物（地位）を捨てる」「離＝物事への執着・こだわりから離れる」という意味があるようです。

余談ですが、イギリスの生活評論家であるカレン・キングストン氏は独自の調査から「太り過ぎの人は物を捨てられないタイプが多い」という結果を発表したとの記事を目にしました。氏いわく「物であふれた生活をしていると、自分の体内にも不要な脂肪を溜めこみがちになる」そうです。物をたくさん所有している人は、ほかにもいろいろな執着心に捉われていることが多く、食に対する執着心も強くなりがちということでしょう。

さて、ここでご自分のクローゼットの中身を思い出してください。いったい、何着の服がありますか？　たとえ大量の服が詰め込まれていても枚数を答えられるのであればかまいません。何着か分からない・考えても答えられないという人は要注意です。不要な服を捨てずにクローゼットに詰めこんだままにしていませんか。心理学で「拡張自我」という言葉があります。

人が持っている物、身につけている服、地位すべてが自分であるという概念です。女性がブランド物のバッグやアクセサリーを身につけたり、男性が高級車に乗ったり、ハイブランドの時計を身につけて「ワンランク上の自分になった」と自信が持てるのは、「拡張自我」によるものです。

大量の服が詰めこまれたクローゼットの何が問題かと言うと、そこにある服の大半が持ち主にとって大きな価値を持っていないことが多いからです。「安かったから」「流行だったから」「なんとなく捨てられないから」などの理由でとりあえず置いてある服もたくさんありませんか。思い入れのない服はそれを着た人間に自信や魅力を与える可能性も低くなります。着てもマイナスにしかならない服にクローゼットを占拠させていてもいいことは何もありません。物が多いと思考が散漫になりがちで注意力が低下する、片づけられない自分を責めてしまう、片づけるときのことを想像しただけでストレスになるなど、精神衛生的にもマイナス面のほうが多いのです。

そこでクローゼットの中身をよく吟味して量から質へのこだわりにシフトしてみます。次に私が推奨する「オフィシャルシーンでの二〇着」の一例を上げています。基本はジャケット＋スカートもしくはパンツスタイルです。さまざまなシーンで対応できるカーディガンやワンピース（ドレス）などもプラスしています。

ジャケットはスーツでも単品でもいいのですが、質がいいもの（ブランド）で定番のデザイ

Spring & Summer の10アイテム10着でいい

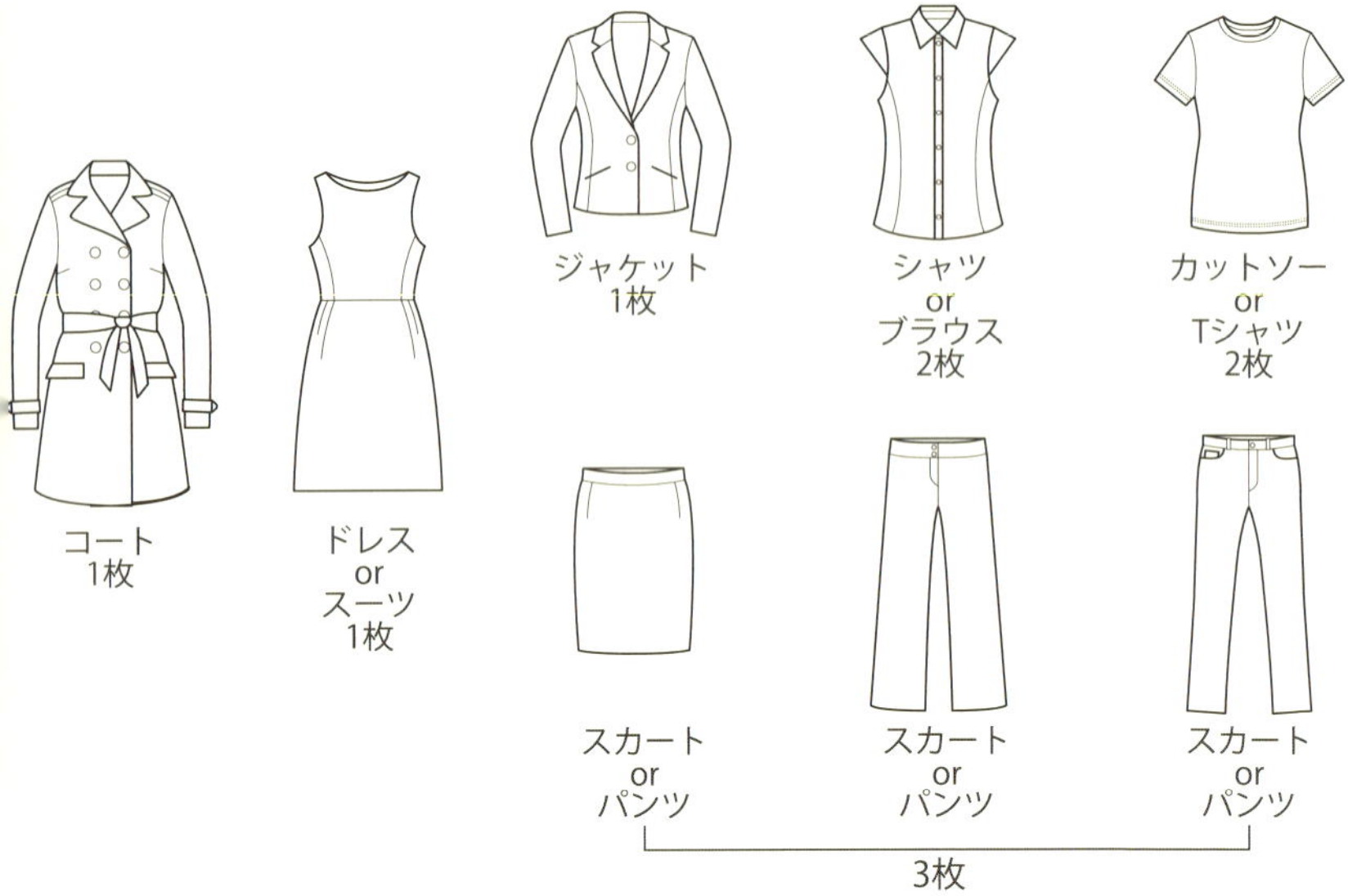

Autumn & Winter の10アイテム10着でいい

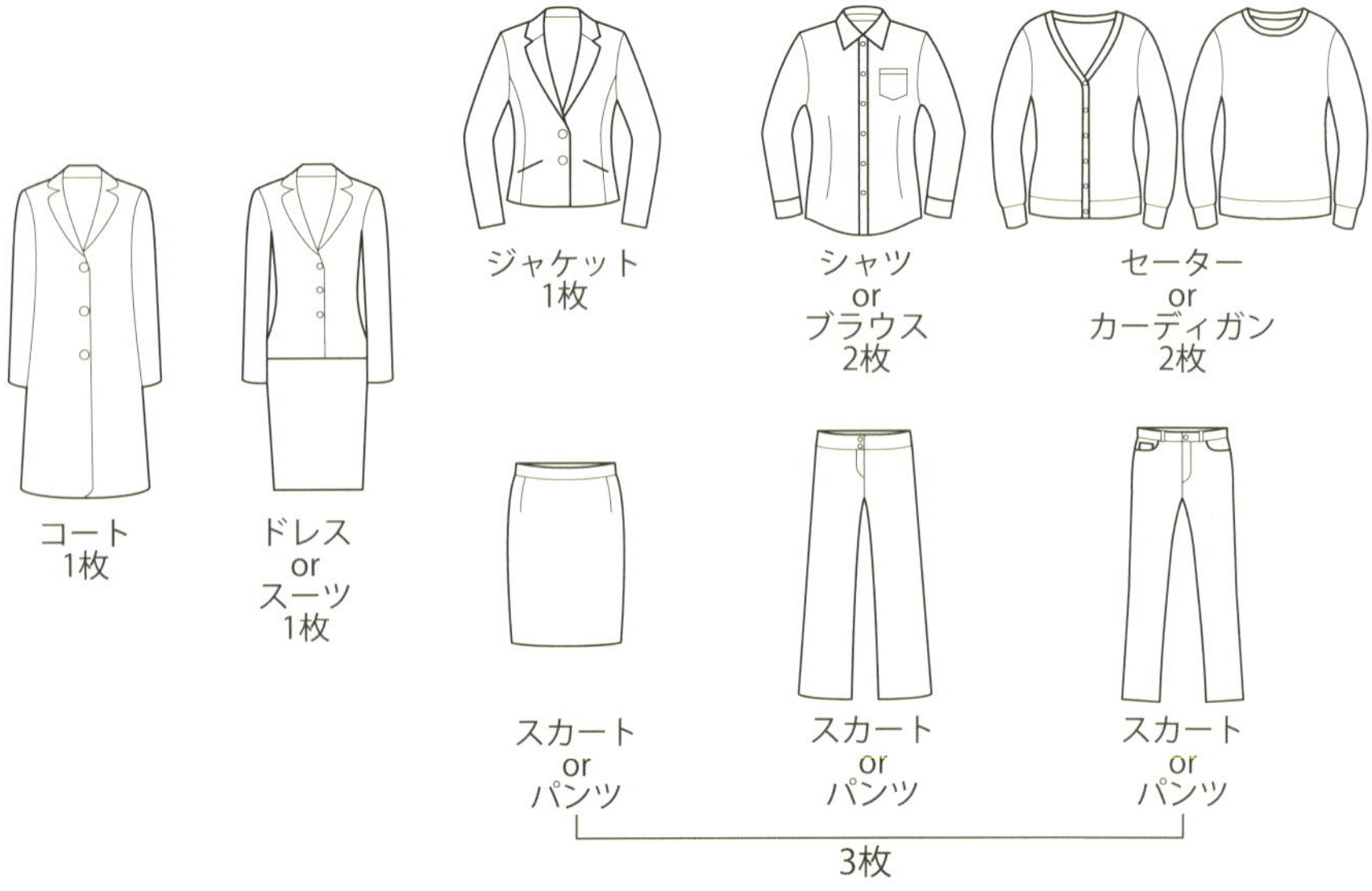

ンを選ぶことが大切です。上質の服は長年の使用に耐えられる素材が使われており、定番のデザインであれば流行に左右されません。その時代のトレンド色を取り入れたいのであれば、ボトムスの買い替えをすればいいでしょう。流行感を演出するのに必要な要素はシルエットや丈のバランスです。シルエットや丈のバランスがデザインに反映されるのは、トップスよりもボトムスです。ボトムスを新しいデザインにすることでトレンド感を演出することができます。

それほど流行に左右されることがないシャツもマストアイテムです。ハイブランドのカッティング（型紙・縫製仕様）や素材が上質のシャツは、サイズが変わらない限り長い期間着用できるので高価なものを購入したとしてもコストパフォーマンスを考えると高い買物ではありません。ジャケットと合わせる場合、シャツの襟のデザイン次第で印象が変わります。ボタンを一つか二つ開けて襟を立ててシャツを着ると、少しさばけた雰囲気になり、明るくはつらつとした印象を演出することができます。首もとまでボタンをかけて着るタイプのシャツは首もとをすっきりさせ、真面目な印象になります。

シャツはボタンの開け閉めだけで印象が変わる便利なアイテムです。仕事中はボタンをキッチリとめて堅実に着用するシャツも、アフターファイブにはボタンを外して、開放的なイメージへと変えることもできます。ちょっとしたテクニックを活用してひとつのアイテムでさまざまなシーンに対応するのも、大人の着こなしと言えるでしょう。

「胸育《むねいく》」は女性のたしなみ

おとなの仲間入りを実感するステップのひとつが、ブラジャーをつけはじめることです。体格によってブラジャーデビューの年齢はさまざまですが、一般的には小学校高学年頃からファーストブラをつけます。

大手下着メーカーのワコールによると、バストが成長をはじめるのは初経の一年以上前で、初経の前後一年間でバスト全体がふくらみ、バストの下側のラインも横に広がるそうです。初経の一年前のバストがふくらみ始めるころからのブラの装着を推奨しているワコールでは、ジュニア用のブラジャーを三タイプ開発し、時期に合わせたブラジャー選びの大切さを唱えています。

最近、マスメディアやブラジャーのカタログなどで「胸育」という言葉を目にすることが増えてきました。意味は文字の通り「バストを育てること」で、美しいバストづくりのための下着や、女性ホルモンの分泌促進のためのサプリメントが注目されています。昼間は「寄せ、上げて形を整える」ブラジャーをつけ、夜はバストの肉が横に流れないような「ナイトブラ」をつけるのが現代の女性の常識になりつつあるようです。

日本の下着は、高い機能性を持っていることが特徴です。下着選びをきちんとすれば望んだ通りのバストラインが手に入ると言っても過言ではないでしょう。もともと欧米では、下着によってバストや体のラインを補正するという考え方はありません。欧米の女性にとって下着は、服を脱いだときの自分を美しく見せるためのものです。フランス製の高級なランジェリーは繊細なレースを使っているのが特徴で、美しくボディを着飾るのです。

現在のブラジャーの原型が生まれたのはアメリカと言われていますが、アメリカ人女性もブラジャーに対するこだわりはあまりないようです。ここ一番！というシチューエーションでは谷間を作るブラなどを着用しても、普段はノーブラでいる人も少なくない様子です。ただし、アメリカのドラマや映画に出てくる女性たちは機能的なブラジャーらしきものを身につけている場合が多いので、ライフスタイルなどによって個人差があるのかもしれません。ちなみに現在の女子学生たちはカップ付きキャミソールのゆるさを好み、ここ一番ではブラジャーをつけるそうでアメリカナイズされています。そして、ここ数年、日本製の機能的なブラジャーはアメリカだけでなく、ヨーロッパやアジアなど広く海外で人気を博しています。海外の女性たちの考え方も変わってきているのです。

さて、胸育に話を戻してもう少し掘り下げてみましょう。ワコールのジュニアブラはノンワイヤーのスポーツブラから始まり、ジュニア用のワイヤー入りブラへ移行していくステップを紹介しています。ジュニア用のワイヤーブラはバスト周辺のリンパ腺を刺激しすぎないよう、大人向けよりもワイヤーの幅が広く調整されています。胸のスムーズな発育を妨げないようにと考えられています。

ジュニアだけでなく、年齢に合わせたブラジャーの選択はアンチエイジングの面から考えても大切です。バストは加齢によって下垂していきます。筋肉がないバストは乳腺や脂肪とそれを支える結合組織・クーパーじん帯などで構成されています。加齢が進むにつれて乳腺より脂肪の割合が大きくなり、バスト全体が柔らかくなっていきます。また、バストを支えるクーパーじん帯や皮膚そのもののハリ・弾力が衰えることもあり、重力に従って下垂していくのです。下垂はバストだけでなく、ヒップやウエストまわりの脂肪にも起こります。体の変化に合わせつつ、きれいなボディラインをキープしていく上でエイジングケアのための下着は重要です。

ワコール「人間科学研究所」によると、「加齢によるバストのかたちの変化」には次の三つのことが言えるそうです。

①加齢で変化していく順序は全員同じ。
②二〇代から下垂は始まっている。
③いったん変化したら元には戻らない。

美しいバストをキープするためには、肌や髪のケアと同じくらいの労力が必要です。

下着の着替えは一日二回に

インナーにまつわる話をいくつか補います。まず、下着は一日二回着替えることを推奨します。朝、パジャマから着替えるときには、日中のファッションに合った下着をセレクトしたいものです。胸元のVゾーンが深い場合はそれに配慮したブラジャーを選びます。フィットネスジムに行く予定がある日は、リンパ腺に影響がないノンワイヤーのブラやスポーツブラがおすすめです。

服に合わせてブラジャーを選ぶ女性は多いのですがノーチェックなのがボトムのショーツでしょう。とくに後ろ姿をおざなりにしている女性が少なくないと感じます。ところが、胸元のラインよりも他人から注視されやすいのが、ヒップラインです。人は対面したとき、視線の行方が相手から悟られやすいため、胸元を凝視することを避けがちです。その点、ヒップラインは見つめても相手からは悟られないため、視線が留まりやすくなります。くっきりとショーツラインが浮き出る着こなしをしていたら、相手に「身だしなみに気をつけない人だ」という印象を与えかねません。最近はビジネスシーンでパンツスーツを選ぶ女性が増えているので、ぜひ、ショーツラインのチェックは怠らないようにしてください。

そしてもうひとつ、夏のリゾートシーンやパーティシーンで透けるアウターや肌見せデザインのトップスを楽しみたいときのアドバイスです。透ける素材のアウターを上品に着こなしたいときには、自分の肌色に近いベージュを選ぶことをおすすめします。ビスチェ（肩紐のないロング丈のブラ）やカップ付きキャミソールをすっきりと着こなすのもいいでしょう。ノースリーブ（袖なし）やオフショルダー（肩見せ）、ベアバック（背中見せ）のアウターには安定感のあるストラップレスのブラジャーやチューブブラがおすすめです。お洒落な付け替えストラップを見せるという手もありますが、こちらは少しカジュアルな印象になります。

ビジネスシーンでジャケットとスカートのスーツを選択する際、足元に合わせるのは革靴ですが、その際のストッキング選びも重要です。いまは素肌以上に肌を美しく見せるストッキングが豊富になりました。美しい足元は女性にとって強い武器になるので演出に工夫を凝らして損はありません。最近の若い女性はメイクがとても上手になっていますが、インナー選びはまだまだ発展途上に見えます。下着もお化粧と同じです。きちんとしたインナーを身につけることは大人のたしなみです。

夜、帰宅した際は、体を補正する機能性下着からリラックスできるタイプのものに変えるほうが身体にも、精神にもいいでしょう。最近では各メーカーが夜用の下着を開発・販売しているので入手も難しくありません。

ファッションの3S+S

前述したオフィシャルシーンでのワードローブ二〇着を有効に活用するために大切なキーワードは「3S」。それは「整理・整頓・清潔」です。

まず、整理ですが、シーズンものでいま着ている服はできれば見えるスペースに並べておくのがベストです。ショップの陳列などを参考にするといいでしょう。二〇着ほどの服であればハンガーラックひとつに収納できます。コート・ジャケット・シャツ・ボトムスのようにアイテム（服の種類）ごとにまとめて並べるのが収納のコツです。順番は、左からシャツなどの軽いトップス、そしてスカート、パンツ、ジャケット、ドレス、一番右がコートです。それぞれのアイテムは、薄い色から濃い色の順に並べておくとコーディネートを決めるときに便利です。いま自分が持っているワードローブの色や形などが短時間で見渡せるのでコーディネートのイメージづくりがしやすくなります。また、タンスの隅で忘れ去られる服が無くなり、コーディネートの幅も広がります。

セーターやカットソーなどのトップスをハンガーにかけずにたたんで収納する場合、丸首なのかVネックなのかが分かるように首元を見せてたたみます。こちらも薄い色から濃い色へとグラデーションで並べておきます。手持ちのアイテムを毎日見ることで、新たに服を購入する際に似たようなデザイン・色のものを買う失敗も防げます。

靴やバッグなど小物も見える収納が基本です。靴はヒールの高さや形が分かるようにしましょう。最近は靴箱にイラストが印刷されているケースもあるので、その場合はイラストが見えるように箱で収納します。イラストが入っていない場合、文字で特徴を書くか写真を撮って貼付けておくなどの方法もあります。

不要なアイテムをそのまま置いておかないよう、定期的にクローゼットを見直すことも大切です。衣替えの時期やセールで買物をする前の習慣にするといいでしょう。着なくなった服はもちろん、「いつか必要になるだろう」「いつか痩せたら着よう」など「いつか」という冠がつく服は、基本的に不要品です。不要品はできるだけ早く手放しましょう。物を溜めこんでしまう人は「もったいない」「必要になるかもしれない」「もう手に入らないかもしれない」という心理から物を捨てることに苦痛や不安を感じてしまいます。そして、溜まった物を捨てられないことや片づけられないことに関してもストレスを感じるという悪循環に陥りやすいのです。住まいがいわゆる「ゴミ屋敷」になるまで異常に物を溜めこみすぎる性癖については、近年一種の精神疾患として認定されるようになりました。これは強迫性疾患で「溜めこみ障害」と呼ばれます。「溜めこみ障害」の人は自覚がないため、治療が難しいとも言われています。「溜めこみ障害」に対処する方法は、物を捨てる不安に慣れることだそうです。はじめは物を捨てることにストレスを感じていてもやがて慣れていきます。物を捨てることに罪悪感を感じるのであれば、リサイクルやネットオークションで処分するなり、だれか人に譲ってもいいでしょう。物が多すぎない、すっきりとした開放的な住まいがストレスから解放してくれるはずです。

次に「整頓」ですが前述のルールを守りつつ、ワードローブ二〇着の保守・点検をしましょう。保守は服が傷まないように保管することです。ジャケットなどは型くずれがしないようにボタンを留めてきちんとハンガーにかけます。冬物のウールジャケットなどは着用した後にブラシをかけておきましょう。外れかかったボタンがないか、裾の折り返しのラインがきちんとしているかなどの確認は脱いだときにします。着る前は時間がないことが多いからです。

靴も帰宅後、靴用のブラシを掛け、クリーナーで汚れを拭き取ります。そして、履く前にツヤ出しクリームなど栄養のあるクリームをサッと塗っておきます。栄養クリームを塗った靴はすぐに靴箱に片づけるとカビが生えることがあります。必ず、よく乾かすか、収納時はクリーナーだけにして履く前に塗るかをおすすめします。皮革製品の雨染みや色褪せはクリーニング店や専門店で修理できる場合もあります。雨染み・汚れ対策に購入後、防水スプレーで保護しておくのも有効な方法でしょう。

「清潔」は、身だしなみの基本です。最近の洗濯機はずいぶん高機能になってほとんどの洋服が自宅で洗濯できるので、お手入れも簡単です。洗濯ができないウールのコートやジャケットのほか、着るたびには洗濯をしない大物類の場合、着た後はすぐに他の物と一緒に収納しないことです。汗や湿気、ニオイなどが他の服に移ってしまうので、しばらくは通気のいい場所にかけておきましょう。

衣替えをするとき、クリーニングに出した服の保管ですが、クリーニング店から戻ってきた服をそのまましまうのではなく、必ず袋を取って中身を確認しましょう。変な折りシワがついていないか、汚れがきちんと落とせているかなどをチェックします。早期に発見するとクリーニングをやり直してもらえます。気づくのが半年後になるとリカバリーできないこともあります。

最後のプラスαの「S」は「サスティナブル（sustainable）」です。「持続可能であるさま」を意味し、地球環境にやさしい社会発展を目指そうという理念を表します。一九八七年の「環境と開発に関する世界委員会」の報告書で「持続可能な開発（サスティナブル・デベロップメント）とは、次世代の人々のニーズを損なうことなく、現在のニーズを満たすこと」という文言が使われたことにより、環境に関する用語として広まりました。「エコロジー」にはじまり、「ロハス」「オーガニック」など近年、自然との調和・共生というテーマが社会に広く浸透していますす。そして、ファッションの世界でも「サスティナブル・ファッション」が市民権を得はじめているのです。「サスティナブル・ファッション」には次のようなポリシーがあります。

・素材の染料は環境や生産労働者の健康を損なっていない。
・動物を殺した素材ではない。
・生産工場の労働者への賃金は適切である。また、工場で幼い子どもたちや移民を劣悪な条件で働かせていない。
・地元のものを使って生産されている。
・製品回収システムなどのリサイクル意識がある。

海外ではキャサリン・ハムネットやステラ・マッカートニー、ブルーノ・ピータースらがサスティナブル・ファッションを発信しています。ファストファッションのH&Mから、ルイ・ヴィトン、ボッテガ・ヴェネタ、クロエ、ブルガリなど錚々《そうそう》たるハイブランドもサスティナブルへの取り組みをはじめています。

サステイナブルな考え方が広まった背景には、近年の気候変動や自然災害の多発、生態系の変化など地球規模でのさまざまな問題があると言われています。水や石油、動物や植物などは有限であると気づいた人々が利便性を追求した現代社会を見直し、再生利用の方向へのシフトチェンジを訴えはじめています。そこに新たなビジネスチャンスを見いだした企業もサステイナブル・ディベロップメントに取り組みだしているのです。先人から「もったいない」精神を受け継ぐ私たち日本人は、自然にサステイナブル・ライフへと移行していけるのではないでしょうか。サステイナブルの実践として、この章の「ワードローブ二〇着」への取り組みを始めてみてください。

第7章　色で変わるコミュニケーション

色と脳は仲がいい

この章ではおしゃれに見せるノウハウの基本として、色について解説していきたいと思います。自分に似合う色、気持ちを高めてくれる色、パートナーとのコミュニケーションに役立つ色などくわしく説明します。色選びひとつで若く見せたり、逆に老けて見せることもできます。流行は時代によって移り変わりますが、似合う色には不変的なセオリーがあります。これらについての知識さえあれば、「気に入って買ったけれどなんだか似合わない」「太って見えると言われた」「老けて見えると言われた」などの残念な服選びを避けることができます。それどころか着痩せをして、美肌に見られる着こなしが簡単にできる色と人との関係について解説していきましょう。

脳科学では、色の波長によって自律機能を調整するホルモン分泌が行われると考えられています。それぞれの色と関係するアドレナリンについては第5章の「美人になる裏ワザは色のトリック」を参照してください。

では色は人にどのような影響を与えるでしょうか。海外で次のような実験結果が得られています。ある工場の休憩室の壁面は最初ブルーに塗られており、そのとき従業員は始終「寒い」と苦情を言っていました。その後、壁をオレンジに塗り替えたところ、以前より低い室温設定でも従業員たちは「暑い」と言うようになりました。ブルーという色の印象は「涼」しげで、オレンジは「暖」かく、視覚で得た色の特性に脳が同調し、体感温度まで変えてしまったと考えられるのです。

この実験結果の裏付けとして、なぜ人が「ブルーは寒い」「オレンジは暖かい」と感じるのかを解説しておきます。千々岩英彰氏の著書『人はなぜ色に左右されるのか』（河出書房新社）によると、「暖かい色・寒い色といった場合は、皮膚の温度感覚と関係があり、色の温度感覚も世界共通のものといっていい。先の調査結果を見ると、世界の国での暖色の第一位はオレンジ色で、次いで赤、黄となり、暖色はこの三色でほとんど示されるといっても過言ではない」とあります。先の調査結果というのは、千々岩氏が「私は通産省所管の特殊法人である『新エネルギー・産業技術総合開発機構』の委託を受けて、一九九五年一一月から一九九七年三月にかけて、世界の主要二〇か国（二三地域）の美術デザイン系大学生五三七五名を対象に、色彩の好みやイメージ、意味など八分野四三項目にわたる調査研究をおこなった」とあり、その調査結果によると「一方、寒色のほうは青、水色、白が上位にきて、その次に濃い青で、銀色もある」（同書）そうです。

暖色・寒色と色の関係については「暖色のほうは常識的に考えれば、そうした色から太陽や炎を、一方、青系統や白の寒色は、水や氷、雪といったものをイメージするからだろう」（同書）と千々岩氏は分析しています。千々岩氏の考察は前述の「工場の壁の色に対する従業員の反応」を裏付けるものであり、色と人の感覚との間にはなんらかの関係があると考えることができます。人間の脳と体の機能はじつに複雑で神秘的でもあります。色から受けたイメージで体感温度まで変えてしまう不思議。「イメージトレーニング」は、人間のこの能力を利用したノウハウです。イメージングの有効活用によるマインドトレーニングはこれからも掘り下げていきたいテーマのひとつです。

色のパワーを利用したケネディ

色が人間にさまざまな影響力を持つことは、ご理解いただけたと思います。色のことをよく知ればモチベーションを上げるツールにもなるし、他者に対する印象を良くすることも可能です。第一段階として自分の色＝パーソナルカラーを紹介します。まずはパーソナルカラーの歴史について、ほんのさわりだけひも解いておきましょう。

パーソナルカラーの起源については、諸説があって実際のところ定かではありません。

一九四〇年代ごろからアメリカのカラーマーケティングの分野で体系づけられて行ったようです。その考え方のベースに取り入れられたのが、スイス出身の芸術家で教育者であったヨハネス・イッテン氏（一八八八〜一九六七年）の主観的な色彩の特性理論だと言われています。彼の著書『ヨハネス・イッテン 色彩論』（美術出版社）によると「主観的な色彩の説明をしようとする場合、われわれは、表面に現われるほんのちょっとした特徴についても気を配らなければならない。しかし基本的な要素は各人のかもしだす〝特殊な、そして微妙な雰囲気〟にある。（中略）ブルーの目とピンクの肌をもった明るいブロンドの髪の人は非常に純粋な色を好む傾向があるし、そしてしばしば彼女たちは明瞭に区分できる多くの特徴をもつ色を好む。このタイプは基本的な対比は色彩の対比なのである。そして性格の柔和な人は、多かれ少なかれもっと柔らかい色彩を好む」。つまり、ヨハネス・イッテンがいっている「表面に現われるほんのちょっとした特徴」というのは、目（瞳）や髪、肌の色などの色彩とその調和を表しています。その特徴から、どんな色を好み、似合うのかを知ることができたということです。また彼は、「自然は四季のリズムにのって、ある時は外交的に活動し、ある時は内面的に沈潜し、人間の個人生活にも似た様相を呈している。春と夏には、大地の力は外界にほとばしり出て生長と成熟を促し、秋と冬には、地下にもぐってみずからの再生をはかる」（同著）と、自然界や四季の中の色彩や調和についても四季理論として考察していました。

その後一九四〇年以降に、アメリカのカラーコンサルタントによって春夏秋冬の四季の色彩イメージを使い四グループに分類した「フォーシーズンカラーシステム」が体系づけられ、瞳や髪、肌の色に似合う色を春・夏・秋・冬にたとえたパーソナルカラーの診断基準が出来上がっていったようです。グルーピングに四季のイメージを用いたのは、自然界の四季の色彩の特徴に似ていたこと、そして誰もがイメージを連想しやすいことからだったようです。

人の印象を左右する色の効用に、まっさきに飛びついたのがアメリカの政治家たちでした。一九六〇年代、政治家たちはカラーコンサルタントをブレーンに加え、選挙のときのイメージ戦略に乗り出しました。

パーソナルカラーを戦略的に利用して成功したと言われているのが、アメリカの歴代大統領でも人気が高いジョン・F・ケネディ氏です。一九六〇年の大統領選挙でケネディとニクソンがテレビで討論会をした際、ケネディはメイクアップしてテレビ出演に臨みます。テレビは当時、カラーではなくモノクロでしたが、ファウンデーションを塗ったケネディの顔色は日焼けをした精悍な若者という風にテレビに映ったそうです。また、ケネディは濃い色のスーツを、ニクソンは淡い色のスーツを着たため、ケネディの存在感が際立ったとも言われています。ファッションコンサルタントをはじめとする専門家たちと良い印象づくりを研究していたケネディは、いち早くイメージ戦略を取り入れることで、みごと大統領の座を射止めたのです。以来、アメリカの大統領選において候補者はファッションコンサルタントを雇うことが通例となります。また、アメリカでは真っ赤なネクタイを「パワータイ」とし、ここ一番！というシーンで使うことが慣例的だそうで、近年のアメリカ大統領選でも大事な演説時に赤いネクタイをする候補者は多いようです。

次に日本におけるパーソナルカラーの歩みを簡単に紹介します。パーソナルカラーを使ったカラーコーディネートがビジネスとして考えられるようになったのは、一九八〇年代に入ってからです。当時、日本人の特徴を体系的に分類することの難しさ、色に対するニーズの少なさに加えて一極集中のブランドブームなどもあり、すぐには受け入れられませんでした。

一九八〇年代の派手でゴージャスだったバブル期を経て一九九〇年代になると自分らしいファッションや自分スタイルにこだわる時代が到来します。この頃から自分に似合う色がパーソナルカラーとして徐々に注目されるようになり、日本人に合わせた「フォーシーズンカラーシステム」による診断が登場します。人前に出るイメージを大切にする政治家やニュースキャスターなど有名人が積極的に専門家の手を借りて活用するようになり、百貨店の婦人服や化粧品の売り場の販売活動にも取り入れられるようになります。現在ではファッションやメイクアップだけでなく、企業のＣＩ活動や人財育成の場、インテリアなどの生活空間から街づくりにいたるまで、人と色の関係や色が人の心理にもたらす影響力について重要視されています。

あなたのパーソナルカラーは？

さてここからは自分に似合う色探しを始めたいと思います。あなた自身の髪・瞳・肌の色に合わない色を身につけてしまうとイメージが暗くなったり、実年齢より年上という印象を与えたりすることがあります。まず、顔の印象に与える色の影響力についてまとめてみました。

次頁の表を参照すれば色の影響力は一目瞭然でしょう。似合う色を着たときと似合わない色を着たときとでは、顔色が健康的か不健康かにはじまり、目の下のクマやシミ・シワを目立たなくさせたり目立たせてしまったり大きな違いです。「瞳に輝きがあり、生き生きとした表情」だと見られるか、「どんよりとした目つきで老けた印象」なのか色選びによって格段に相違があるのです。実年齢より若く、肌も実際より美しく見える効果も色の使い方次第で可能だとすれば、利用しない手はありません。

それでは、いよいよ自分に似合う色探しです。120頁の表のそれぞれの項目で該当する言葉にチェックを入れてみてください。最もチェックが多かった項目があなたのカラータイプです。診断の結果、「好きな色と似合う色が違う」人は、要注意です。いままで、好きで身につけていた色の服が自身の魅力を損なう結果を招いていた可能性があります。この表をもとに、ワードローブをチェックした上でコーディネートしてみてください。あなたを見る周囲の目が変わったり、自身のモチベーションが上がるなど、何らかの変化を感じていただけると思います。

＜顔の中で変化を見るポイント＞

チェック項目	OK （似合う色）	NG （似合わない色）
1. 顔色	・健康的に見える ・透明感がある	・青白い ・黄ばんでいる
2. 目の下のくまや、頬の影	・目の下のくまが目立たない	・目の下のくまが強調されている
3. しみ、しわ、にきびのあと	・目立たない美しい肌	・目立つくすんだ肌
4. 目の輝き	・生き生きと輝いて見える	・ぼんやりした目に見える
5. 顔のりんかく	・りんかくが引き立つ	・りんかくがぼやける
6. 実年齢との差	・若々しく見える	・ふけて見える
7 髪の毛	・つややかに見える	・いたんだように見える

顔色の効果。色は顔の表情に様々な変化を与える

120頁の表のＡＢＣＤが、それぞれ春夏秋冬のフォーシーズンに対応しています。

Ａのサマータイプはブルーベースでやわらかく、エレガントな色が似合います。ＮＧカラーは原色・濃いめの色です。

Ｂのウインタータイプはブルーベースでシャープなはっきりした色が似合います。ＮＧカラーは茶系・オレンジ系です。

Ｃのスプリングタイプはイエローベースで、明るく、若々しい色が似合います。ＮＧカラーはグレー・暗い色です。

Ｄのオータムタイプはイエローベースで落ち着きのあるナチュラルカラーが似合います。ＮＧカラーはブラック・ピンクです。

著者の友人は自身のパーソナルカラーを知った翌日、そのカラータイプの服を着て出勤すると同僚に「何かいいことあったのか？」と声をかけられたそうです。

あなたのパーソナルカラーを見つけてください。

私たちの印象を魅力的に引き立たせるカラーが、パーソナルカラー「似合う色」です。

その似合う色は、個人が生まれもった目の色・肌の色・髪の色に深く関わります。

その人の顔の表情や全体のイメージに、生き生きとした輝きをあたえる色が「似合う色」です。

ABCD のどの得点が高いですか？
1～5 で、該当する項目をチェックしてください。
最もチェックの多いグループが、あなたに似合う色です。

タイプ		A	B	C	D
1 あなたの目の色		やわらかな印象 瞳は灰味、赤味の黒	白黒コントラスト 強い目　瞳は真っ黒	ガラスのような透明感 澄んだ目　明るい茶色	ソフトな白目 濃く深い茶色の瞳
2 あなたの肌の色	色白	血色がよい ピンクみのベージュ	青白い アイボリー　色白	透明感のある明るい 明るい黄みのベージュ	オークル系のベージュ
	色黒	ローズ系のベージュ	オリーブ系のベージュ	ナチュラルなベージュ	やや濃いベージュ
3 あなたの髪の色		マットな髪 灰みの黒や赤みの黒	つやのある髪 真っ黒	つやのある髪 明るい茶	ソフトでマットな 濃茶
4 あなたのイメージ		上品なイメージ	迫力のあるイメージ	若々しいイメージ	落ち着いたイメージ
5 好きなリップカラー		やさしいピンク	強いピンク	明るいオレンジ	濃いオレンジ
得点		A　　　　点	B　　　　点	C　　　　点	D　　　　点
カラータイプとイメージ		**エレガントな サマータイプ** 優しい 上品な 女らしい さわやかな 洗練された	**モダンな ウィンタータイプ** シャープ 都会的な ドレッシーな ゴージャスな ダイナミックな	**キュートな スプリングタイプ** 明るい 若々しい かわいい 親しみやすい 生き生きした	**シックな オータムタイプ** 知的な 豊かな しゃれた 落ち着いた ナチュラルな
似合う色		**パステルカラー系（やさしい色）** 〔ピンク系ブルー系 赤味のベージュ シルバー〕 オフホワイト パウダーピンク パウダーブルー カラードグレー ピンクベージュ ラベンダー ラズベリー ローズワイン ブルーグリーン インディゴブルー	**ビビッドカラー系（強い色）** 〔ホワイト、ブラック ピュアなグレー シルバー〕 スノーホワイト ブラック チャコールグレー グレージュ チェリーレッド ロイヤルブルー エメラルドグリーン レモンイエロー フューシャピンク ネービーブルー	**ライトカラー系（明るい色）** 〔あたたかなイエロー ピーチ、コーラル ゴールド〕 アイボリー サンドベージュ ライトブラウン クリームイエロー イエローグリーン ミントグリーン コーラルピンク ライトオレンジ トマトレッド コバルトブルー	**ディープカラー系（濃い色）** 〔ブラウン系 グリーンオレンジ ゴールド〕 ベージュ キャメル コーヒーブラウン テラコッタ オリーブ モスグリーン カーキ マスタード マリーゴールド ダークレッド インクブルー
さけたい色		原色と濃色	オレンジ茶系	グレーと暗色	ブラックとピンク

パーソナルカラーチェックリスト

おそらく、いつもよりも「いきいきと楽しそう」な印象を相手に与えたのではないでしょうか。正しい「似合う色」を知り、活用するとうれしい体験が増えるのではと思います。

マインドカラーはパワーをくれる

色には、それぞれの人の肌や髪の色など外見の特徴にマッチしたパーソナルカラーがあることは説明しました。実は色には別の側面があります。それは、他人には見えない内面の色です。個人の考えかたや行動と色とは心理学的に密接なつながりを持っています。それはマインドカラーと呼ばれます。

マインドカラーの解説の前になぜ、色が人間に影響を与えるのか、簡単に説明します。人は普段、色を無意識に見ていますが、そこから多様なメッセージを受け取ってもいます。強い影響力を持つ色としてあげられるのが、赤です。たとえば、信号や道路工事の標識、激安セールのチラシなど人の注意を引きたい場合や危険を知らせたい場合に赤がよく使われているのは、赤が人に対して強い影響力を持つからです。千々岩英彰氏は「赤はどの色よりも情緒的興奮を呼び起こす。青は、赤とは反対に鎮静作用をもたらす。赤色照明は神経に刺激を与え、血圧を上昇させ、呼吸も脈拍も高める。そのときの体感といえば、日なたで暖まるときと同じように体がポカポカしてくるような気がする。そして、青はすべてにおいて赤と逆である」(『人はなぜ色に左右されるのか』）と著書で解説しています。一九五八年、アメリカの心理学者R・ジェラード氏が行った実験でも同様の結果が得られています。実験では赤や青の光を被験者に当て、どのような反応が見られるかを調べました。その結果、赤い光では被験者の血圧が上昇し、呼吸数・心拍数・脈拍数・まばたきの回数などが増え、青い光の場合はすべて赤とは逆の反応を示したそうです。

このように色を見るだけで人の気持ちにはいろいろな変化が起きます。この色の効果を心理的に活用しようとするのがマインドカラーの考え方です。マインドカラーとはつまり内面の色、いつも身近に感じていたいと思う色です。パーソナルカラーとは違い、マインドカラーは自分以外の第三者には影響しません。マインドカラーを利用しても環境や人間関係に必ずしも期待する効果は得られませんが、逆効果になるケースがあるので取扱いは要注意です。というのもマインドカラーには対人関係と同様、相性があるからです。対面する相手のマインドカラーがあなたと同系色であれば、自然と気が合うので人間関係も構築しやすくなります。これはマインドカラーから得られる良い効果です。ところが、あなたと相手のマインドカラーが赤と青のように対極する色だった場合、無意識下で反発しあってしまい、ぎくしゃくした人間関係になる危険性があります（お互いが持っていない要素を補うことができるので良いパートナーになる可能性もあるのですが……）。不特定多数を相手にする社会生活においてはマインドカラーを効果的に利用するのはなかなか難しく、諸刃の剣になりやすいことに留意しておく必要があります。期待に反する影響を相手に与えないためには、他人から見えないように身につける方法もあります。

結論として、マインドカラーは良好な対人関係の構築に利用するよりも、自身の深層心理に働きかけるサポートとして考えたほうがいいでしょう。では、次頁の表を参照の上、マインドカラーをみつけてください。最もチェックの数が多かった色が現在のマインドカラー、すなわち、あなたにパワーをくれるパワーカラーとなります。

マインドカラーは思っていた通りの色だったでしょうか。意外な色だったという人もいると思います。ここで補足しておきますがマインドカラーは永久不変ではありません。そのときどきの心理状態によって変わってもきます。今回のチェックで判明したマインドカラーは、現在の環境下において内面が欲している色と考えられます。今後、環境や人間関係などに大きな変化があった後はマインドカラーが異なる色になっている場合もあるので、節目節目でチェックしてみてもいいでしょう。

では次に、それぞれの色が持つ意味を記します。

マインドカラーそれぞれの意味

■レッドがマインドカラーの人＝エネルギッシュで活動的。競争心があり意志が強い。

キーワード……意志・決断・行動

あなたのマインドカラーを見つけよう

自分があてはまる項目にチェック☑　チェックが多いグループがあなたのマインドカラーです。

レッド（赤）

☐頑固	☐パワフル	☐結果が重要	☐興奮しやすい	☐考えながら行動する	／20
☐都会的	☐決断が早い	☐情熱的である	☐競争心が強い	☐バイタリティがある	
☐活動的	☐勇気がある	☐集中力がある	☐プライドが高い	☐目標達成意欲が強い	
☐攻撃的	☐意思が強い	☐正義感が強い	☐エネルギッシュ	☐感情的になる事がある	

オレンジ（橙）

☐健康的	☐野心家	☐冒険好き	☐諦めが早い	☐はやとちりする	／20
☐独創的	☐多趣味	☐明るく活発	☐表情が豊か	☐交流関係が広い	
☐社交的	☐せっかち	☐ポジティブ	☐ムードに弱い	☐立ち直りが早い	
☐挑戦的	☐快楽主義	☐おしゃべり	☐協調性がある	☐おだてると調子に乗る	

イエロー（黄）

☐論理的	☐わがまま	☐楽しく陽気	☐お金が大切	☐頭の回転がいい	／20
☐創造的	☐疑い深い	☐流行に敏感	☐遊び心がある	☐目立ちたがり屋	
☐楽観的	☐分析する	☐自己中心的	☐明るく朗らか	☐新しいもの好き	
☐冗談好き	☐嫉妬深い	☐自信がある	☐ユーモアがある	☐ややヒステリック	

グリーン（緑）

☐中立的	☐友達が多い	☐交際が上手	☐人に流される	☐のんびりしている	／20
☐穏やか	☐自然を愛す	☐責任感がある	☐皆に好かれる	☐考えてから行動する	
☐よく寝る	☐優しい性格	☐親しみがある	☐無欲な面がある	☐落ち着いたイメージ	
☐優柔不断	☐平和主義者	☐真面目で勤勉	☐調和を重んじる	☐嫌な事からは逃げる	

ブルー（青）

☐慈悲深い	☐誠実な性格	☐寂しがり屋	☐控えめである	☐自分の事は話さない	／20
☐思慮深い	☐知的な印象	☐クールな印象	☐冷静に判断する	☐なかなか心を開かない	
☐人につくす	☐デリケート	☐自分は後回し	☐周囲を安心させる	☐あまり多くを話さない	
☐責任感がある	☐おとなしい	☐鋭く見極める	☐人を助けるのが好き	☐攻撃されると沈黙する	

インディゴ・ネイビー（藍）

☐頑固	☐威厳がある	☐現実主義者	☐友人が少ない	☐落ち着いている	／20
☐堅実	☐とじこもる	☐自分ペース	☐仕事ができる	☐清楚なイメージ	
☐閉鎖的	☐ストイック	☐洞察力がある	☐控え目で地味	☐強い直感力を持つ	
☐知性的	☐信念が強い	☐向上心が強い	☐孤独感を持つ	☐キャリア志向が強い	

バイオレッド（紫）

☐孤独	☐心理学	☐品格がある	☐正義感が強い	☐芸術に興味を持つ	／20
☐空想家	☐理想主義	☐個性が大切	☐伝統を重んじる	☐クラシック音楽が好き	
☐悲嘆的	☐カリスマ	☐信仰心が強い	☐争いを好まない	☐精神世界に深い興味を持つ	
☐華やか	☐人を率いる	☐人を頼らない	☐人との距離を持つ	☐暖かさとクールさを合わせ持つ	

マインドカラーは、あなたの強みをさらに増長し、弱みをサポートします。

■オレンジがマインドカラーの人＝まわりを楽しくさせる。創造的で芸術家タイプ。
キーワード……創造・挑戦・協調
■イエローがマインドカラーの人＝明るくユーモアがある。知的で好奇心が強い。
キーワード……知性・自信・思考
■グリーンがマインドカラーの人＝調和を大切にする。目的がはっきりしている。
キーワード……調和・平和・自然
■ブルーがマインドカラーの人＝面倒見がいい。人の助けになることを好む。
キーワード……責任・冷静・誠実
■インディゴ・ネイビーがマインドカラーの人＝内に秘めたものを持つ。未来を見通す力を持つ。
キーワード……洞察・判断・威厳
■バイオレットがマインドカラーの人＝カリスマ的な存在。芸術的な感性を持つ。
キーワード……品格・信仰・個性

マインドカラーそれぞれの意味を見て「なるほど」と納得するケースもあれば「そうかなぁ」と違和感を覚えるケースもあるでしょう。あくまでひとつの指針ではありますが、潜在的なパワーを得るためのヒントにはなります。

繰り返しますがマインドカラーは、必ずしも似合う色と同一ではありません。自身が似合う色とは別の色や対極する色がマインドカラーの場合、コーディネートの際には注意が必要です。たとえば、パーソナルカラーが「サマータイプ」でマインドカラーが「レッド」だとしたら、それぞれの色をどのように使えばいいでしょうか。「サマータイプ」の人にとって濃い色や原色はNGカラーです。「マインドカラーの服だから元気になれるだろう」という期待とは裏腹に、外見に対してのマイナス効果が生じる危険性があります。もし、似合わない色がマインドカラーだった場合、顔色やイメージに影響のないところで秘かに使うことが得策でしょう。たとえば、下着やペディキュア（足の指のネイル）などでもいいし、バッグの中に入れた小物でもいいのです。マインドカラーは人に見せる必要はありません。自分自身が身につけていることがわかっていれば心理面でいい効果が期待できます。

マインドカラーとチャクラ

マインドカラーの基本色は、レッド、オレンジ、イエロー、グリーン、ブルー、インディゴ・ネイビー、バイオレットの七パターンです。これらの色は、人間のチャクラの色とも重なっているとされます。チャクラとはサンスクリット語で、もともとは「車輪・円」を意味し、人間の心や身体のエネルギー「気」と深く関わっていると言われています。ヒンズー教のヨガにおいては人間の頭部や胸部・腹部など七か所で、車輪のように回転しながら光を放っているとされる場所を指します。七つのチャクラは、それぞれがある周波数に同調し、一か所が一色、計七色の光を発していると考えられ、この光は別名「オーラ」と呼ばれます。つまり、ヨガの考え方で言えば人間が持つ七色の光は人の身体や精神面と、とても深くつながっています。自身のマインドカラーを知ることは、現在の体調や心の状態を知る手がかりになりそうです。

ヨガ的な考え方と心理学を融合させたのが、カラーメンタリズムです。ここからは、カラーメンタリズムによる七色それぞれの意味について解説します。

カラーメンタリズムに基づくオーラカラーの意味と活用法

■レッド（第一チャクラ）……「エネルギーをくれる色」

ボトムス・下着・パンプス・ペディキュアなどに赤を使う。ただし、口紅やマニキュアはNG。上半身に使うと意志の強さ・自信の強さを必要以上にアピールしてしまうので、下半身に。そうすれば、さりげなく行動力・実行力につながり、女性らしさもアピールできる。

■オレンジ（第二チャクラ）……「コミュニケーションを助ける色」

繁栄と富・人生に多くの喜びを与える色。男女間の肉体的なコミュニケーションを円滑にしてくれる色でもある。創造力をかきたてて、楽しい時間を過ごしたいときにぴったりの色。

■イエロー（第三チャクラ）……「知性と思考・栄光と富の色」

ゲーテいわく「明るい黄色はおだやかで陽気、やわらかな刺激をもつ」。しつこくなると理屈っぽくなったり、気分屋で情緒不安定になりやすくなるので要注意。軽やかで心地よい黄色は好印象。派手だと嫌われる。

■グリーン（第四チャクラ）……「心のリセット・再生・回復の色」

新芽の色で、新しいことのはじまりを予感させる希望の色。人の生き方に変化や成長をもたらす色でもある。注意したいのは、若さと経験のなさを表す色でもあること。

■ブルー（第五チャクラ）……「気持ちを鎮めてくれる色」

あせりやいらだちのあるときに、気分を落ち着かせる。愛と平和を象徴し、誠実さや信頼を感じさせる色。さびしさ・冷たさ・憂鬱・未熟さを表す色でもある。

■インディゴ・ネイビー（第六チャクラ）……「未来を見通す色」

高い霊性を象徴する「第三の目」を表す色。献身・慈悲の色で、自分にも他人にも忠実であることを促す。精神的な達成・洗練された魂のイメージにつながる。

■パープル（第七チャクラ）……「自身の潜在意識と深くかかわる色」

目に見えない世界。精神世界や宗教にかかわりを持つ。愛情と冷静さを持ち合わせ、決して人には頼らない。孤独を好み、現実世界から距離を置きたいと思っているときの色でもある。

服は三色、全身で使う色は五色以内が原則

パーソナルカラーとマインドカラーを使ってコーディネートする際の留意点が、使う色の数です。パーソナルカラーだからとトップにイエロー、ボトムにイエローグリーン、靴はコバルトブルー、バッグはライトブラウンといった具合に全身をいくつもの色で埋めつくしてしまっては第三者にいい印象を与えるどころか、「変わり者」と失笑されかねません。コミュニケーションを取りたい相手もコーディネートの乱雑さばかりが目について、あなた自身の印象がぼやけてしまうでしょう。

主役はあくまで自分自身です。服は自分を引きたてるためのツールということを忘れず、コーディネートする色は三色までに限定し、シンプルにコーディネートすることで洗練された着こなしができます。

まずベースカラーを決めましょう。ベースカラーは全身の六〇パーセント以上にします。同じ色での濃い・薄いは一色と考えていいでしょう。たとえば、茶色とベージュは同色扱いでOKです。次にアソートカラー（組み合せる色）は全身の四〇パーセント未満にします。ブラウスが単色ではなく柄物の場合、ボトムスはその柄に使われているうちの一色またはベースとなっている色を使った無地のアイテムを合わせるのがベストです。

洋服以外のスカーフやバッグなどの小物の色をアクセントカラー（差し色）にする方法もあ

ります。その場合、アクセントカラーは全体の五パーセントほどにしましょう。

レザーの小物は同じ色で統一します。レザー素材のベルト、バッグ、シューズ、時計のベルトなども同様です。メタルカラーもゴールドかシルバーを同じ色で揃えます。メタル素材のアクセサリー、ベルトのバックル、時計、眼鏡のフレームなども同じです。

服は三色、小物は二色までとして、全体のコーディネートに使う色は合計で五色までと考えます。まずはベースカラーとアソートカラー、またはベースカラーとアクセントカラーの二色を使ったコーディネートから始めることをおすすめします。コーディネートのベースとなる色は「似合う色」が重要です。アクセントカラーにマインドカラーを使ってもいいでしょう。繰り返しになりますが、似合う色と好きな色は同色とは限らないので、まずは似合う色を見つけることが最優先の課題です。

大切な人と良好な人間関係を構築したい、もしくはいい関係をこのまま維持したいと思っている場合は、マインドカラーを活用できれば強い武器になります。方法は、相手のマインドカラーと反発しない、相性がいい色を着ることです。そのためには、まず相手のマインドカラーを知る必要があります。夫婦やカップルであれば124頁のチェックシートを一緒にやってみるのもいいでしょう。相手が仕事のパートナーや上司であれば、難しいかもしれません。その場合、あなたが感じた相手の印象からマインドカラーを割りだして試してみるのもいいでしょう。

次にパートナーとの「関係性を高める色」の合わせ方を考えます。カップルや夫婦、親子の場合、コーディネートのテーマと色を相手と合わせるといいでしょう。テーマと言うのは「スポーティー」「エレガント」などのテイストのことで、これを同じにしておけば各々が思い思いのコーディネートをしても統一感が出せます。色のコーディネートは二人で五色以内にしましょう。お互いのトップスとボトムスを上下逆クロスさせたカラーコーディネートも有効です。お互いの色使いを考えながらコーディネートをするうちに、一種のチームワークが築かれるなど、コミュニケーションツールとしても効き目があります。気軽に相談できない相手であれば普段から服のテイストなどを観察し、自身のコーディネートを合わせていけばいいでしょう。

この章では色のもつパワーについて、いろいろ考察してきました。「美人ではないけれど輝いている人」「いつも生き生きと明るい表情が魅力的な人」の秘密が少し解明できたのではないでしょうか。

第8章　コンプレックスとファッションコーディネーション
――「人は見た目が9割」と言いますが

あなたの劣等感は幻かもしれません

人はなぜ服を着るのでしょう。

普段私たちが服を選ぶ際には、「自分に似合う服かどうか」「自分を良く（美しく）見せる服かどうか」「自分を表現できる服かどうか」などを考えます。私たち、とりわけ女性がこのような服選びをする背景には、コンプレックスすなわち劣等感の解消あるいは隠匿が見え隠れします。

劣等感の意味を調べると、「容姿、体力、知的能力、性格、血筋、財産、社会的地位などの点で、自分が他者よりも劣っているという感情である。客観的に他者よりも劣っているということよりも、主観的に劣っていると思い込むことにより生じる。劣等感が〝コンプレックス〟を形成すると劣等感コンプレックスと呼ばれる」（『心理学辞典』有斐閣）とあります。つまり、自分は他者よりも劣っていると感じたり、現実的でない理想の自分を思い描きそれになれない自分はダメな人間だなあと思い嘆いている人間の心理が「劣等感」というコンプレックスだということです。

ここで大事なことは、この感情は、主観的なものであるということです。たとえば、多くの女性たちの一般的な口癖に「痩せたい」「ダイエットしなきゃ」が挙げられます。けれど、これらの女性の中で本当に痩せる必要がある人は決して多くはありません。では、「痩せたい」と言っている人は謙遜しているのかというとそうではなく、本人はほんとうに痩せたいと思っているようです。その理由は「理想とする体型に比べると、いまの自分は体重がオーバーしているから」というケースが多いのではないでしょうか。

「理想の自分」という目標を持って努力をすることは必ずしも悪いことではありません。けれど、「理想の自分」にがんじがらめになって無理なダイエットをしたり、劣等感に苛《さいな》まれすぎて人と会うのがつらくなり、対人恐怖症などになってしまってはなんの意味もありません。そこで、この章では、いまの自分の姿を客観的に見つめ、服の選び方や着こなしの工夫で理想の姿に近づけていく方法を解説していきます。

そのコンプレックスと、どう向き合いますか？

「永遠の妖精」として世代を問わず人気のオードリー・ヘップバーンには、コンプレックスをバネに魅力を開花させたエピソードがあります。オードリーは自分の高すぎる鼻から人々の視線をそらすためにメイクを研究し、太いキリッとした眉や濃いアイラインを引くことで目元を目立たせるようにした結果、独特の美しさを作り出すことに成功したと言われています。

インターネット上で女性の体型に関する悩みについてのアンケート調査をみると、多くの調査結果で八～九割の女性が何らかの悩みを抱えているという結果が出ています。そして、現在もしくは過去にダイエット経験がある人もアンケート対象者の半数以上であることが多いようです。

厚生労働省が全国レベルで実施している「国民健康・栄養調査」結果の二六年度版概要によると、「肥満者（BMI25kg/㎡以上）*の割合は男性28・7％、女性21・3％である。この10年間でみると、男女ともに有意な変化はみられなかった。やせの者（BMI18・5kg/㎡未満）の割合は男性5・0％、女性10・4％である。この10年でみると、男性では変化はみられず、女性では有意に増加している。なお20歳代の女性のやせの割合は17・4％である」。この数字からみると、女性の若い人の「やせ」の割合が平均値よりも多く増加傾向にあることが気になりますが、男女ともに肥満度が「ふつう」の範囲に当てはまる人は六割を超えています。それにもかかわらず、巷には「ダイエット」情報があふれています。テレビの情報番組

＊BMI（Body Mass Index）指数＝体重（kg）÷身長（m）÷身長（m）
「やせ」はBMI指数18.5kg/㎡未満、「ふつう」はBMI指数18.5kg/㎡～25kg/㎡、「肥満」はBMI指数25kg/㎡以上と定義。

はもちろん、女性誌、インターネットでも次から次へと新しいダイエット方法が紹介されています。それは、若い女性をはじめ、世の多くの女性が痩せるための情報を求めているからに他なりません。

なぜ、女性はこのように「痩せたい」と思ってしまうのか。鷲田清一氏の著書『ちぐはぐな身体』（ちくま文庫）に次のような考察があります。

「ニーチェという哲学者は、『各人にとってはじぶん自身がいちばん遠い』と言っているけれど、それをまねて、ぼくらにとってはじぶんの身体《からだ》がいちばん遠い、と言えるのではないだろうか。じぶんの身体は、その表面のほんの一部分しか見えないし、身体の内部ともなればこれはぜんぜん見えない。（中略）それにしても、じぶんの身体がこんなに遠いとは、考えてみればおそろしいことだ。そしてそれをあつかいあぐねているうちにも、身体は勝手に変化していく。」

私たち、とくに女性は自分の身体について、どこまで分かっているのでしょうか。厚生労働省のデータを見ても、満足していない人のうち、本当に身体を改善する必要がある人は多くないのが現実のようです。鷲田清一氏は『ちぐはぐな身体』で次のようにも述べています。

「考えてみるに、どうもおそらく、身体《からだ》を意識するよりも先に、身体のモデルがあるらしい。ファッションにおいてイニシアティヴをもっているのは、身体ではなくモデルのようだ。もしじぶんの身体がモデルどおりであれば、だれも痛い目、しんどい目をして努力する必要はない。

みんなモデルを想定して、それを規準にしてじぶんの身体を意識するから、じぶんの身体は規格を外れたものとして意識されることになる」。

このように女性から羨望の眼差しで見られるモデルやセレブたちが生まれながらの美しいボディで人生を謳歌しているのかと言うと、そうでもないようです。いつも奇抜な衣裳やメイクで話題になるレディ・ガガをはじめ、マライヤ・キャリー、クリスティーナ・アギレラなど多くのアーティストたちは太ったり痩せたりを繰り返しているように思います。人気絶頂の頃に比べてぽっちゃりしたブリトニー・スピアーズもダイエットには苦労しているようで、自宅に数千万円かけて専用のトレーニングジムを作ったと噂されています。

健康的にダイエットができれば問題はないのですが、一方で、体型維持を追求し過ぎた結果の悲劇も起こっています。二〇〇六年にはブラジルのモデル、アナ・カロリナ・レストンが二一歳という若さで亡くなりました。彼女の死亡要因は拒食症だと言われており、モデル業を始めたことが拒食症の引き金になったと考えられ、一七二センチメートルの身長に対し、体重は四〇キログラムだったそうです。その後、ウルグアイの二二歳のモデルとその妹で一八歳のモデルが相次いで栄養失調が原因で死亡するなど、モデルの過酷な現実が世間の注目を集めるようになりました。そして、二〇一五年四月、フランスでは痩せ過ぎているモデルの雇用を禁止する法案が可決されます。また、ミラノコレクションが開催されるイタリアではＢＭＩ18以下のモデルの出演が禁止されているそうです。

モード王国・フランスには拒食症の患者がおよそ四万人もいると言われています。拒食症とは「神経性食欲不振症」という心の病気です。太ることへの恐怖が食べることへの恐怖につながり、強迫観念となって、やがて食べようと思っても食べられなくなることもあります。

自分にプレッシャーをかけて無理なダイエットをせずとも、着こなしや洋服選びで美ボディに見せるノウハウを紹介するのがこの章の目的です。社会活動をするとき、人は裸ではありません。必ず服を着ています。言葉は悪いですが、洋服のデザインや着こなし方で上手にごまかせばダイエットで一〜二キロ痩せたような効果も期待できるのです。痩せ効果だけではなく、顔を小さく見せたり、足を長く見せたりすることも不可能ではありません。

では、まず、自分の体型を客観的にチェックすることから始めましょう。全身鏡に映していろいろな角度から眺めます。家族や友人に写真を撮ってもらってもいいでしょう。以下の項目についてのデータを集めてみてください。

- 肩幅は広い？　狭い？
- 胸は大きい？　小さい？
- 首は長め？　短め？
- 腕は太い？　細い？
- 胴は短い？　長い？
- ウエストは細い？　それともズン胴？

■ヒップは大きめ？　小さめ？
■太ももは太め？　細め？
■足は長いほう？　標準？　短め？
■顔は小さめ？　ふつう？
■顔の輪郭はどんな形？

自身の体型を客観的に捉えることができましたか？　次の項からは人間の心理的な錯覚を利用することで体型を実際よりも細くみせたり、足を長くみせたりするテクニックを紹介します。人間の目は不正確で、実際のモノのカタチを見ていないことも多いと分かれば、着こなしテクニックの効果にも納得していただけるでしょう。

人の目をごまかすことは、とっても簡単

まず、次の図を見てください。
左右それぞれ、中心にある円の大きさは違うように感じませんか？　おそらく、右側の図の中心円のほうが左側よりも小さいと感じた人が多いと思います。ところが実際には二つの中心円の大きさは同じです。同じ大きさの円がそれぞれ大きな円と小さな円で囲まれた場合、目が錯覚を起こし、大きさが違うと人に感じさせるのです。ドイツの心理学者ヘルマン・エビング

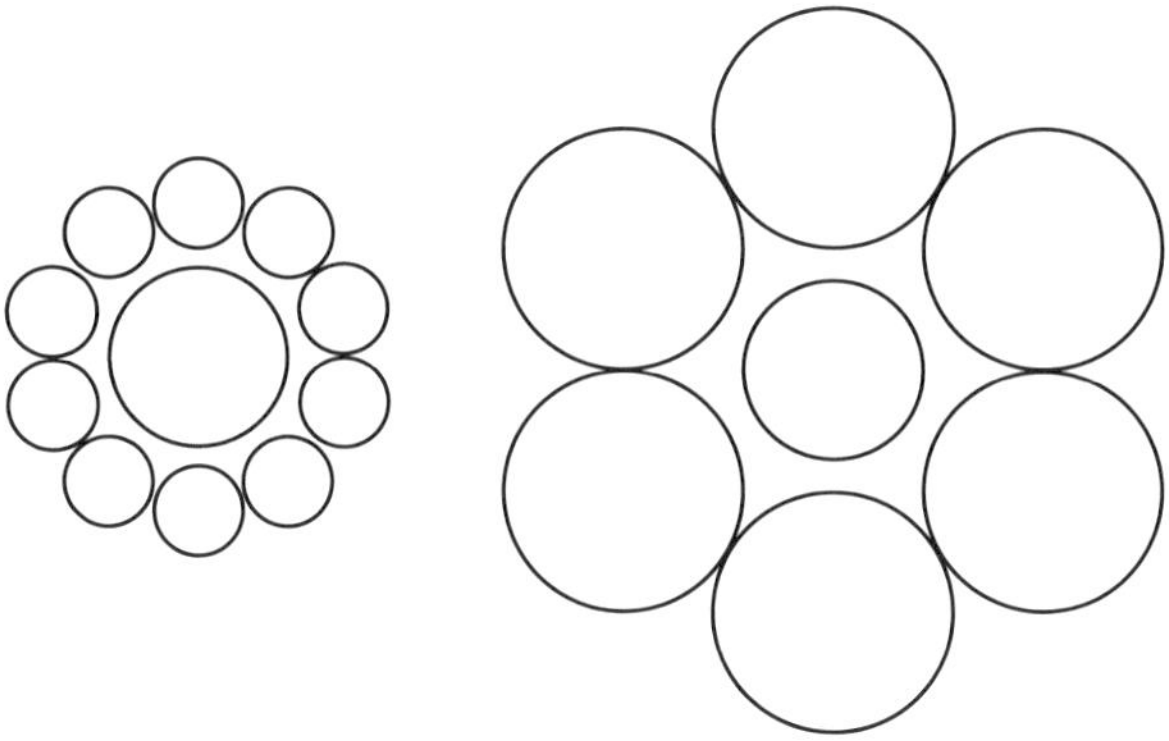

＜エビングハウス錯視＞周りを大きな円で囲まれると小さな円で囲まれた場合よりも小さく見える。応用すると、大きなツバの帽子をかぶるとツバのない帽子よりも顔は小さく見える。

ハウス氏にちなんで「エビングハウス錯視《さくし》」と呼ばれています。

では、次頁の画像はどうでしょう。

目の錯覚とひとくちに言ってもいろいろな種類があります。ここに紹介したような、ある一定の条件のもとで現実とは違う見え方をする場合は「錯視」とも呼ばれ、脳の働きと関係があると考えられています。現在、そのしくみははっきりと解明されてはいません。視覚が得た情報にそれまでの経験値やそのほかの補足を加えて脳が判断してしまうために起こるという説が一般的です。

このように人間の目は、現実の物体を見てはいてもさまざまな要因を加味した上で判断するので、必ずしも正確に物のカタチや大きさを捉えることはできていないのです。この錯視の効果を大いに利用すれば、ふっくら丸顔を少し小顔に、広めの肩幅を目立たなく、ふつうの脚の長さを少し

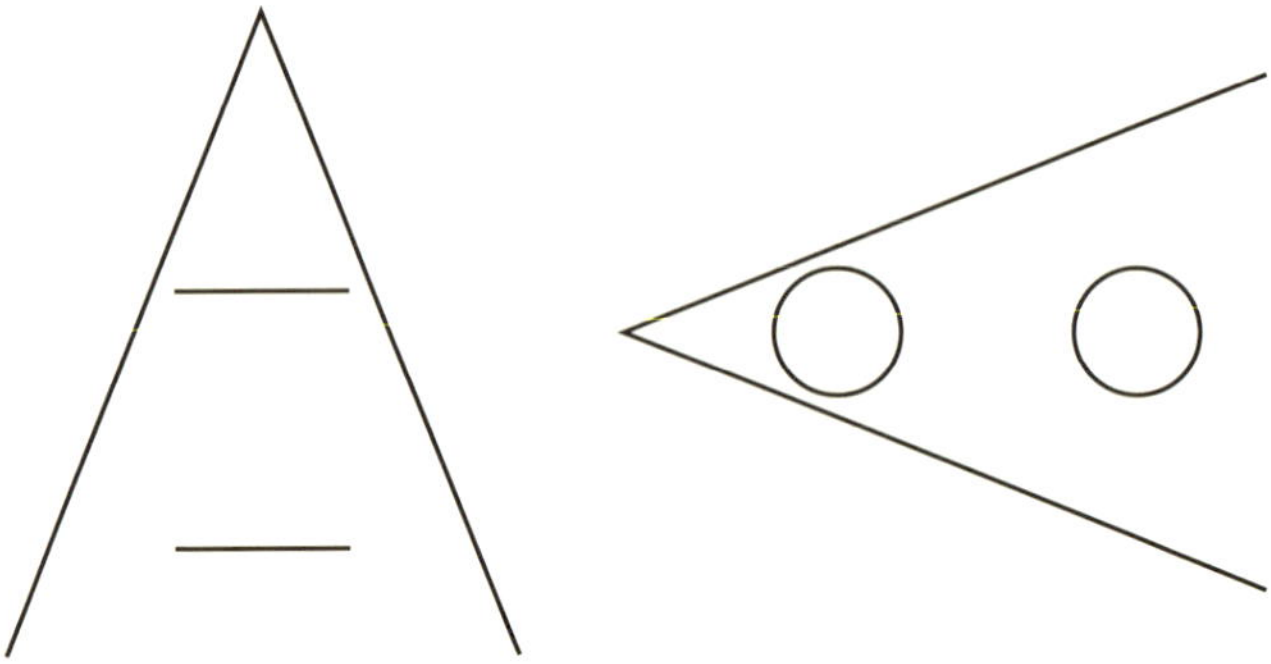

＜ポンゾ錯視＞左の図は、上の平行線が長く、右の図は左の円の方が大きく見える。二本の線が交わり狭くなっているところに位置する線や円が大きく認識される。着こなしに応用すると、サイズ感がぴったりした服を着ると体は大きく見える。

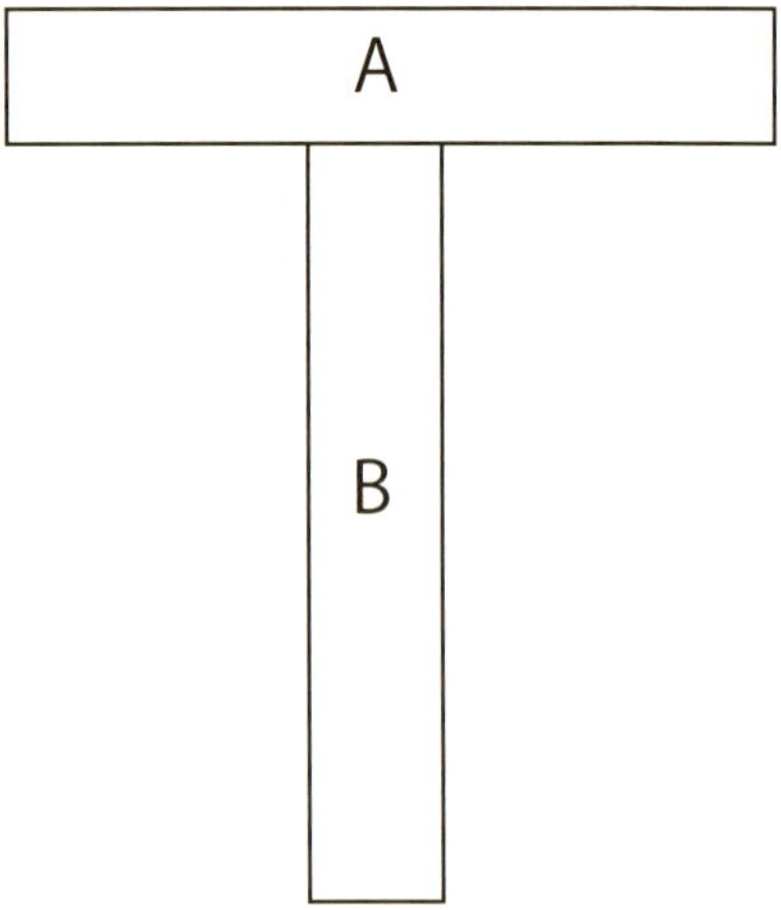

＜フイック錯視＞AもBも同じ図形だが、Bの方が長く見え、Aの方は太く見える。人の目には、水平な横線よりも垂直な縦線の方が長く認識される。縦ラインを強調したドレスやパンツのスタイルに応用できる。

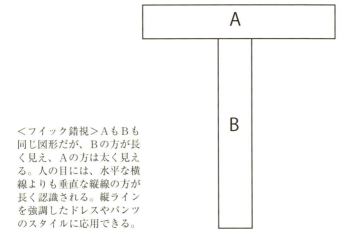

長めに見せることも不可能ではありません。それが、これから提案していく着こなしのテクニック術です。無理なダイエットをする前に、実践してみてください。それほど極端な変化は無いとしても、時間やストレスをかけずに変身できるでしょう。

悩みをカバーしてくれる着こなしのテクニック

では、先ほど確認した自分自身のデータをもとに以下、ウィークポイントだと思う項目をご参照ください。

♥小柄なことが悩みの場合

小柄な人はトップスとボトムスのバランスが重要です。目線をなるべく上半身に集めることで背の低さから注意をそらすことができます。デザイン性のあるアイテムを着る場合はトップスにして、下半身にいくほどシンプルな着こなしをおすすめします。色は最小限にまとめると全体がスッキリと見えます。アクセサリーやバッグなどの小物類については、大きさがポイントです。大ぶりのアクセサリーをコーディネートすると大人の物を借りてきた子どものようになってしまいかねませんのでサイズ感が重要です。

小柄な人のコーディネートのポイント

・使う色は二〜三色まで
・トップスとボトムスの色の濃さをそろえる
・アクセントカラーとなるアイテムは上半身に
・全身のシルエットは逆三角形になるように
・下半身にはスッキリ見えるような色や形を合わせる

小柄な人のNGアイテム
・大きな襟、袖、ボタン
・ボトムスに大きなポケット
・大きな柄
・幅広ベルト
・大きなアクセサリーやバッグ

♥大柄なことが悩みの場合

大柄な人は、小柄な人とはまったく逆のコーディネートになります。加えて上から下までを単一のデザインにするよりも上半身と下半身に違うアイテムを持ってくるほうがいいでしょう。トップスとボトムスでコントラストをハッキリさせて視線を散らすようにしましょう。上下で違う色を着たり、ベルト使いも有効です。ベルトは幅広のものがより効果的です。また、目線をそらすという意味で大ぶりのバッグやアクセサリーもおすすめです。
反対に、小さな小物や細かいディテールの装飾は避けたほうがいいでしょう。また、短すぎるジャケットは下半身を長く見せ、縦ストライプのワンピースなどは縦の長さを強調するので避けたほうが無難です。

大柄な人の場合のコーディネートのポイント

・シンプルなデザイン
・上下、別々の色を着る
・ウエストにベルトをする
・大胆な柄やプリントはＯＫ
・大ぶりのアクセサリーやバッグも有効

大柄な人のＮＧアイテム

・細かく、かわいらしいディテール
・短すぎるジャケット
・からだのラインが出る服
・縦ストライプ
・小さめの小物、アクセサリー、バッグ

♥華奢な体型が悩みの場合

スリムで華奢な人は、体に密着しないデザインや素材の服がおすすめです。たっぷりしたドレープのブラウスやウエストのブラウジングでのボリューム感が体型をカバーしてくれます。胸元を出すと華奢な体型が強調されてしまう場合が多いので、スカーフやリボンタイなどで胸元を見せない工夫をします。縦よりも横のラインを強調するようなコーディネートが基本です。ボーダーの場合は横ボーダーに。ただ、ボーダーのラインが太めだと体型とアンバランスになるので実際に自分に合わせてみて判断してください。

華奢な体型が悩みの場合のコーディネートのポイント

・やわらかく、ふんわりとした素材
・胸元のスカーフやリボン結び
・横のラインを強調する
・ヨーク切り替え

NGアイテム

・フィットしたシルエット
・太いストライプや大柄プリント
・深く開いた襟、ノースリーブ
・幅広いベルトや大きなアクセサリー

♥ふくよかな体型が悩みの場合

体のラインをあまり明確にしない服選びが大切です。ほどほどにゆったりとしたシルエットのほうが目の錯覚を利用してスッキリ見せることができます。服を買うときはジャストサイズではなく、余裕のあるサイズを選びましょう。デザインは縦のラインや斜めのラインが強調できるようなテイストのものが有効です。白やパステルカラーなどの中間色は膨張色なので避け、ビビッドな色やダークな色、黒などを中心にコーディネートすれば引きしまったイメージづくりができます。もし本人のパーソナルカラーがスプリングやオータムの場合、顔周りにパーソナルカラーを合わせて、ボトムスは濃いめのカラーリングにするといいでしょう。

ふくよかな場合のコーディネートのポイント

・縦のライン、斜めのラインを強調
・ゆったりとしたシルエット
・ヒップや二の腕などを隠す
・黒や濃色のカラーコーディネート
・アクセサリーはシンプルに

NGアイテム

・短めのスカート

・体にフィットしたシルエット
・白や暖色系・パステル系の膨張色
・たっぷりとしたフレアーやギャザー
・小さめのアクセサリー、細めのベルト

♥ヒップが気になる場合

ヒップのサイズが気になる場合は、まず隠すことです。チュニックなどでウエストラインからヒップまでの縦のラインをつくるのもいいでしょう。ロング丈のジャケットで隠すこともできます。ジャケットに肩パッドをつけてヒップまわりを小さめに見せるという目の錯覚を利用してもいいでしょう。ボトムスはゆったりしたサイズがいいとはいえ、フレアーやギャザーなどで必要以上にたっぷりさせるデザインは避けましょう。色は濃いトーンでスッキリとまとめます。

ヒップを強調しないコーディネートのポイント
・肩パッド入りのトップスやアウターを合わせる
・オーバーブラウスやロング丈のジャケットで隠す
・ボトムスはゆったりしたサイズのものを選ぶ
・ボトムスには濃い色を合わせる

NGアイテム
・ジャストサイズのボトムス
・ヒップポケットのあるデザイン
・フレアーやギャザースカート
・大柄のチェックや柄
・ショート丈のジャケット

♥首が短い・太い場合

有効なのは、デコルテを広く見せるような服です。前開きのシャツやブラウスなら襟を広く開けて、顔~首~デコルテに一体感のある見せ方をするといいでしょう。深いVネックなども同じ効果が期待できます。広く開けて見せるか、もしくはリボンスカーフなどで目の錯覚を利用するのもいいでしょう。首周りに沿ったチョーカーネックレスなどは、首のサイズを引き立たせてしまうので避けたほうが無難です。

首周りが気になる場合のコーディネートのポイント
・大きく開いた襟で肌を見せて、顔から首までのラインを一体化させる
・リボンスカーフを飾る
NGアイテム

・首のつまった襟
・タートルネック
・チョーカーネックレス

♥大きいバストが悩みの場合

首が気になる場合と同様、デコルテを強調したデザインにします。バストに目線が集中することを避けてくれます。反対に胸元に凝った装飾がある服は視線を集めてしまうので逆効果となります。フリルやリボンなども必要以上に胸の部分を大きく見せるため避けたほうがよく、シンプルなデザインを心がけましょう。また、サイズがタイトなもの、たとえば前開きブラウスのボタンの間にすき間が開くようなサイズは胸がより大きく見えてしまいます。あえてセクシーさを強調したい場合は有効ですが、太ってみえる危険性もあります。

バストが大きい場合のコーディネートのポイント
・Vネックか襟ぐりの深い服にする
・シンプルなデザインのトップス
・バストラインを目立たせないジャケットを羽織る
NGアイテム
・袖丈がバストラインの服

・Tシャツ、カットソー、ピッタリとしたトップス
・胸にデザインがあるもの

♥小さいバストが悩みの場合
バストにボリュームがない場合、浅めの襟ぐりを選ぶことをおすすめします。前身頃にデザインや装飾がある服は、バストが小さめの体型のほうが美しく着こなせます。トップスはゆったりとしたサイズのものを選んで体のラインを強調しないようにしましょう。肩パッドのある服は、布地がゆるやかに体に沿って体のラインが隠れるため、有効です。ボリュームのあるボトムスはトップスとのバランスを見ながらコーディネートしましょう。
バストが小さい場合のコーディネートのポイント
・ゆったりしたトップスを選ぶ
・肩パッドのあるジャケットも有効
・胸ポケットや前身頃の装飾などもOK
NGアイテム
・ジャストサイズのトップス
・ボリュームのあるボトムス
・深めのVネックや大きな襟ぐり

♥脚が太い場合

とにかく、脚を強調しない着こなしをします。たとえばスカート、ストッキングやタイツ、靴をすべて同色にすると脚のラインが目立たなくなります。ベルトの位置を高めにしたり、イヤリング（ピアス）やネックレスを大ぶりなものにするなど、上半身に視線を集めるのもいいでしょう。靴は、足首がみえるシンプルなデザインを選びましょう。スカート丈としては、ミニスカートはもちろん、ふくらはぎのいちばん太い場所に丈がくるようなミモレ丈も避けることが重要です。

足が太い場合のコーディネートのポイント

・スカート、ストッキングやタイツ、靴は同系色にする
・顔の近くにアクセントをもっていく
・ベルトを高めの位置にする
・靴はシンプルなデザインを選ぶ

NGアイテム

・スカートはミニやふくらはぎ丈は避ける
・ショートブーツ
・ローウエストのデザインは下半身に視線が集まる
・凝ったデザインでめだつ靴

♥二の腕が気になる場合

二の腕が気になる場合、基本は隠すことです。腕のリアルなサイズが分からないようにゆったりとした長袖のトップスが基本でしょう。五分丈や七分丈など、いちばん気になる部分を隠す長さの袖もいいでしょう。反対に、ノースリーブはもちろん、大きくふくらんだバルーン袖などはあまり選ばないほうが得策です。袖の部分だけにたっぷりと布地を使ったデザインの場合は、体型や全体のラインとのバランスに気をつける必要があります。

腕が太い場合のコーディネートのポイント

・ゆったりとした長袖のトップスやジャケットがおすすめ
・二の腕が隠れる五分丈・七分丈はＯＫ
・体型とのバランスに気をつける

ＮＧアイテム

・ノースリーブやフレンチスリーブは避ける
・二の腕の最も太い部分から腕が見える袖丈

ポイントのまとめ

■気になるところ、隠したいところに視線を集めないことが重要です。具体的には、隠したい箇所に上着のヘムライン（裾線）や切り替えラインがないようにします。気になるところに凝った装飾があれば、視線を集めてしまい、強調されてしまうからです。この心理効果を逆に活用する方法もあります。隠したい部分から離れた場所に装飾やデザインがある服やアクセサリー・小物をコーディネートすると、気になる箇所から視線をそらすことができます。視線をコントロールすることで良い印象を演出しましょう。

▪自身の輪郭や骨格がどんな形であるか、どんなタイプであるかを把握しておきましょう。そうすれば襟の形や開きぐあいはどうすればいいか、顔まわりにどんなアクセサリーを合わせればいいかが分かります。

▪自分の骨格に合った素材を見極めることも重要です。骨格がしっかりしている場合、ある程度の厚みや重みがある素材のほうがバランスも良く身体のラインが隠せるため、骨格も目立ちにくくなります。反対に骨格が華奢な場合は、薄くて軽い素材を選び、身体からつかず離れずのラインの服を着たほうが良さそうです。

小顔じゃなくてもステキになれる！

二〇一四年、若者がＳＮＳに投稿する自撮り写真や女性ファッション雑誌の表紙などで一大トレンドとなったのが〝虫歯ポーズ〟でした。片手を頬に当てて、目を大きく見開き、正面か

顔型のタイプ分類

形選びはフェイスラインとボディラインの特徴に合わせるのがポイント

	スクエア（直線）	オーバル（中間）	ラウンド（曲線）
顔型	三角　角がある	角が丸い　楕円	丸型　ハート型
体型	ボディ　肩はまっすぐ　薄っぺらい体形 Vネック　オープンカラー	ボディ　なだらかな肩　平均的体形 Uネック　シャツカラー	ボディ　なで肩　ボリューム体形 丸ネック　フリルカラー
柄	幾何柄　ボーダー チェック　ストライプ	抽象柄　小さい花柄 ペイズリー　小さい水玉	曲線柄　大きな水玉 植物柄　大きな花柄
アクセサリー	菱型　四角　三角 幾何学的な形	なみだ型　卵型　輪 タテに長い形	丸型　ハート型　花型 丸い円形

ら写真を撮るこのポーズが、女性の間でブームとなった理由は「小顔に見えるから」だそうです。イギリスのデイリーメール紙やテレグラフ紙でも取り上げられ、「日本では小顔が魅力的だとされている」と解説されたようです。つまり、イギリスなど欧米では小顔は美しさの条件には入っていないため、日本人の価値観が新鮮であり、ニュース性があったわけです。

なぜ、日本では「小顔＝スタイルがいい、美人」という方程式が浸透したのでしょうか？　一説によると日本人は欧米人と比べて平均身長が低く、骨格も華奢な人が多いため、顔が小さいほうがいわゆる八頭身美人にバランスが近づくからだそうです。八〇年代アイドルで小顔代表の小泉今日子さん以降、安室奈美恵さん、観月ありささん、吉川ひなのさん、佐々木希さん……などの登場も、小顔が美人の条件へと定着するきっかけになりました。パリのルーヴル美術館所蔵で世界的に有名な「ミロのヴィーナス」像も八頭身でつくられていますので、人が美しいと感じる全身のベストバランスが八頭身であると言っても差し支えはなさそうです。

身長が高ければおのずと八頭身に近づけるのでしょうが、小柄な方やそれほど身長が高くない方であれば小顔であったほうがスタイルがよく見えるわけです。とはいえ、成人以降はそれほど身長が伸びることはなく、顔の大きさもほぼ決まってしまっているのが現状です。鏡を見てため息をついてばかりでは、問題は解決しません。ここでは、顔のカタチ&体型のよくある組合せをサンプルとし（前頁の表）、服の選び方の一例をご紹介します。

セルフプロデュースですっきりボディを手に入れる

結局のところ、服の着方やコーディネートの際、女性が気にするのは、「いかにすっきり見えるか」「いかにスタイルよく見せるか」に尽きます。

体型によっては、「華奢すぎるので、ふくよかに見せたい」という場合もあり得ますが、その場合はすっきり見せるコーディネートの逆のパターンを活用すればいいのです。

というわけで、ここからはすっきりとスタイルよく見せるコーディネートのテクニック、つまり着痩せテクの基本として「プロポーションライン」の効果を紹介していきます。

◆「からだの丸みを強調したくない」「スラリと見せたい」という場合

縦のラインを強調するようなコーディネートをします。たとえば、前身頃の縦のラインにボタンが並んでいるコートドレスなどは定番と言えそうです。縦にラインが入っていれば視線は上から下へ動き、横方向には視線が動かないのでほっそり、すっきりして見えます。いわば、視覚のトリックを利用するわけです。

◆「下半身をすっきり見せたい」という場合

パンツスタイルをおすすめします。足の太さがわからないというメリットもありますが、何よりパンツで縦のラインをつくれるのですっきりと見えます。

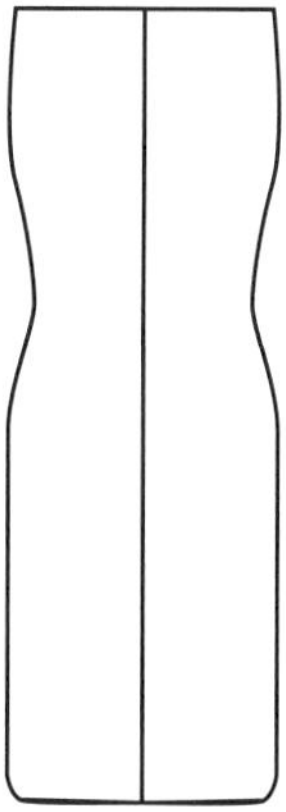

縦にスマートに見えるライン(ex. コートやパンツスーツ、ワンピースなど)

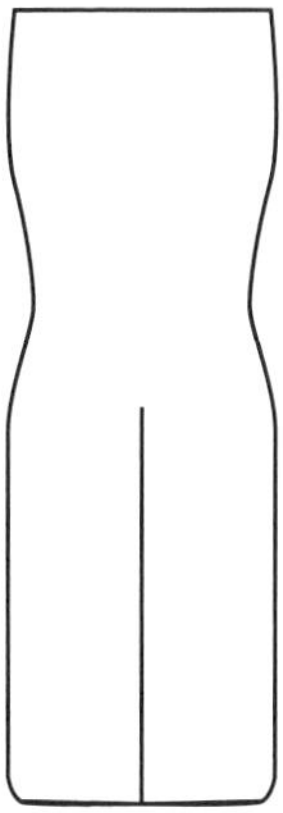

下半身がスマートに見えるライン(ex. パンツを着用する)

◆「上半身」をスマートに見せたい場合

前身頃にボタンが並ぶジャケットスタイルを選びましょう。打ち合わせはダブルよりシングルのほうが、よりすっきりと見えます。ポケットがたくさんあるサファリジャケットなどは縦のラインがハッキリしなくなるのであまり効果的ではないでしょう。

またはトップスに斜めに走るラインをつくるといいでしょう。たとえば、カシュクールデザインのセーターやブラウス、斜めにラインが入ったプリント柄も有効です。着物も打ち合わせが斜めなのですっきりと見せる視覚効果が期待できます。ミスコンテストの出場者や政治家がつける斜めのタスキも、実はすっきり見せる効果を狙っています。

◆「ウエストまわりをすっきり」という場合

上半身がスマートに見えるライン（ex.ジャケット、カーディガン、ブラウス、シャツなど）

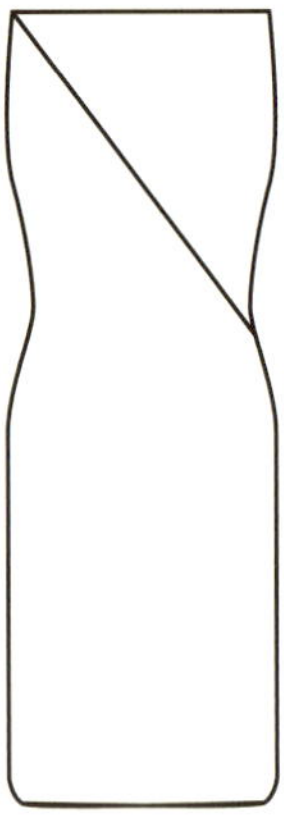

上半身がすっきり見えるライン（ex.カシュクールデザインのトップス、着物の打ち合わせなど）

あまりウエストを強調しないようにしましょう。ウエストを太いベルトでマークするようなワンピースやベルト付のトレンチコートなどは避けるほうがいいでしょう。ただし、「細いウエストが自慢で強調したい！」という場合、これらのアイテムは有効ですから、どんどん活用してください。

◆「バストを小さく見せたい」という場合

襟の開き方が深めのVネックや襟を大きく開けたブラウスなどが有効。トップスのバストラインに切り替えがあったり、ダーツが入っているものは、バストに視線を集めて強調することになるので避けたほうが無難です。横のボーダーも上半身を大きく見せてしまいがちなのでおすすめしません。

ウエストが強調されるライン（全体のラインがひきしまるが自信のない場合はＮＧ）

バストがすっきり見えるライン（ex. ジャケット、Ｖネックのトップスなど）

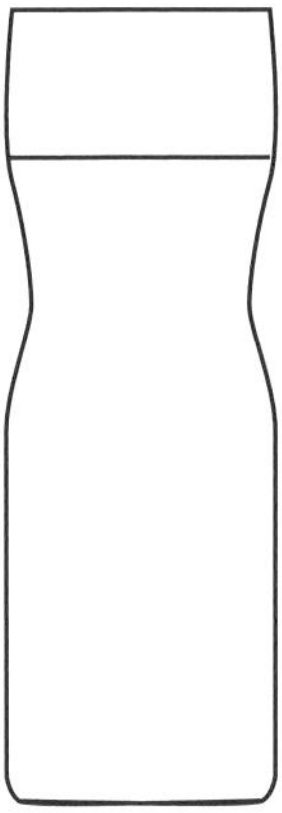

バストが強調されるライン（大きく見せたいときには有効）

◆「ヒップをすっきりみせたい」場合は
トップスの丈が重要です。ちょうどヒップの一番高いところに丈の長さがくるトップスは、ヒップのサイズを強調してしまうので危険でしょう。ウエストラインより少し下ぐらいの丈を選ぶのがおすすめです。ウエストラインから下にフリルをつけたペプラムデザインも効果があります。あまり女性は着る機会がないタキシードも、裾のカットが逆V字型になっているので意外と有効なアイテムです。ご参考までに。

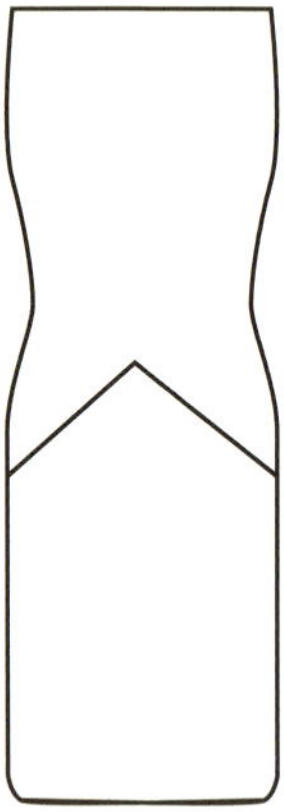

ヒップがすっきり見えるライン（ex.ペプラムデザインのトップス、タキシードなど）

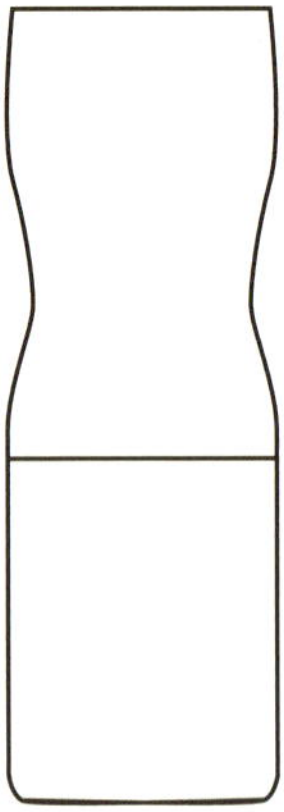

＜補足＞ヒップが強調されるNGなライン（上着の裾がヒップラインにある）

第9章　ミニマルに生きると、すべてが身軽になる

「持たない主義」を選択した人々

時代の変化に伴い、人々の価値観はめまぐるしく変わっていきます。時代研究のひとつとして、私たちがよく耳にするのが世代論です。例として、過去の代表的な世代をご紹介します。終戦後の一九四〇年代中頃以降生まれの「団塊の世代」、一九六〇年頃以降生まれの新しい価値観を持った「新人類世代」などは耳にしたことがあるでしょう。

一九五九年頃以降に生まれた女性はバブル景気の影響を色濃くうけた「平成ハナコ世代」とも呼ばれています。世代は短い周期で五年前後、長くて一〇年前後でくくられ、それぞれの世代が生まれ育った時代の特徴をもとに区分されたネーミングがつけられています。世代の名前を見ると、当時の時代背景がなんとなくイメージできます。

一九八〇年代に生まれた人が属する世代のことを、そのライフスタイルとファション志向を捉えて「ミニマル（ミニマム）ライフ世代」と言っています。一九八七年以降生まれでゆとり

教育を受けた「ゆとり世代」と呼ばれる人たちの前の世代です。

「ミニマルライフ世代」が生まれたのは、昭和末期（昭和は一九八九年一月七日まで）です。思春期にバブル崩壊、阪神・淡路大震災、アメリカ同時多発テロなどを体験したことで、リスクを避け安定志向である点が特徴のようです。なるべく消費を抑えて将来に備える意識が高い傾向にもあります。確かに彼らが育った時代背景を見ると、物の価値がひと晩でゼロになることもあり、日常はいつ崩れるか分からないことを体感したでしょう。

一方、少し前のバブル時代は、この世の春を謳歌していた感があります。ブランドブームなども合わさり、高いブランド品を躊躇なく手にしている人も多く、また土地が高騰しているにもかかわらずマイホームを手にすることが当たり前でした。それが終わりを告げるときが来るとは、誰も思っていなかったのではないでしょうか。そして迎えたバブルの終焉が一九九一年頃から一九九三年です。追い打ちをかけるように一九九五年一月に阪神・淡路大震災を目の当たりにし、同じ年の三月には地下鉄サリン事件という未曾有のテロ事件が発生します。豊かで平和だったはずの日本を根底から揺るがす出来事が矢継ぎ早に起こったのですから、人々の価値観が大きく変わったのも無理はありません。

昭和末期に生まれた「ミニマルライフ世代」は、いまやアラサーです。世の消費を、そしてトレンドを牽引する層である彼らの考え方が昨今の世相にも反映されてきているように思えます。たとえば、いまどきの若者たちを語る上で、よく耳にする言葉が「〇〇離れ」でしょうか。

「車離れ」「飲酒・飲み会離れ」「野球離れ」「ブランド離れ」……。かつての若者たちの趣味・嗜好の定番から、いまの若者たちはことごとく距離を置くようになったようです。市場のデータを見ても、年々、車の生産台数や国内の販売台数は減少し、野球のテレビ中継の視聴率は下がり、ビールや発泡酒の売り上げも伸び悩んでいるのが現状であり、その要因が若者の購買欲の低下とも言われています。

確かに、かつての若者たちが当たり前のように手にしていたアイテムに対し、いまの若者は食指を動かされないように思えます。そのことからも「経済大国日本」は、ひとつの転換期を迎えていると感じざるを得ません。

日本は戦後、高度経済成長期をがむしゃらに突っ走り、バブルという経済のピークを迎えたのち、バブル崩壊を経て物質主義からの変換を体験しました。これからは、より精神的に成熟した社会を築くべく、新しい一歩を踏み出しているのではないでしょうか。そして、そのシンボル的存在が、「ミニマルライフ世代」が牽引する「ミニマルライフ」なのかもしれません。

この章では、「ミニマルライフ」について考察していきたいと思います。

ミニマルライフで価値観を再確認

世代のネーミングにも使われた「ミニマルライフ」という言葉は、二〇一五年にはトレンド用語として頻繁に耳にするようになりました。テレビや雑誌でもしばしば取り上げられ、インターネットでも熱く議論が展開されています。

「ミニマル」は「最小限」という意味で近年流行のシンプルなファッションを表現するトレンド用語、そこにライフ（生活）がついて、「ミニマルライフ」とは簡単に説明すると「必要最小限の物しか持たないシンプルなライフスタイル」です。これを実践する人々は「ミニマリスト」と呼ばれます。「ミニマリスト」を日本語にすると「最小限主義者」です。「最小のモノで最大を得る」がコンセプトと言われています。

「ミニマルライフ」に人々が関心を持ち、共感を覚えたきっかけは数年前に一斉を風靡した「断捨離」ではないでしょうか。それまでは、次から次へ市場に出てくる新製品の数々を手に入れることに満足していた人が多かったと思います。やがて終わりのない購買競争に疲弊し、溢れたモノたちに家を占拠され、居場所をなくしたことではじめて我にかえった人々が行き着いたのが「断捨離」でした。ほんとうに必要なモノは何か、自分が求めているモノとは何かなど内面と真剣に向き合いはじめて、物質主義に疑問を持つようになった人が増えていったように思われます。

そして、よりエコであり、よりサスティナブル（第6章参照）へと向かっている時代背景とあいまって「不必要なモノを捨てる」のではなく、「すぐに捨てるモノは手にしない」「廃棄せずに済むように必要かどうか熟慮する」から「ミニマルライフ」へ移行しています。

「ミニマルライフ」は、自分の価値観の再確認をさせてくれるライフスタイルです。たとえば、かつて購入した高額のブランドバッグが手元にあったとします。いまは全く使っていないし、使いたいとも思わないとしたら、価値観が大きく変わっていることに気づきます。心理学やカウンセリングなどで、部屋は自分自身を映しだす鏡だと言われます。散らかった部屋や物で溢れた部屋に住んでいる人は何かしらの悩みやストレス、心の葛藤などを抱えている場合が多いようです。「散らかった物を片づけようとしても、何を捨てていいか分からない」のは、自分にとって何が必要かを選択・決断できない心の状態である可能性があります。何かを決断するリスクを回避したいのかもしれません。そういう人は、往々にして人の意見に迎合してしまいがちです。

「出かけると、ついつい物を買ってしまう」人は、買い物依存症かもしれません。衝動買いや大量買いなどをして一時的に気分がよくなってしまう人の部屋は、使わないブランド品や同じような商品で溢れているケースが多いようです。物を買う行為にしか興味がないため、買った物に対しては意識が向かず片づけることもしません。心のどこかで衝動買いをしたことに後ろめたさを感じていると、買ったものを改めて見ることにも嫌悪感を感じるのです。

買い物依存症に陥る人は、ストレスや孤独感を抱いている、自己評価が低いなどの傾向があるようです。なぜでしょうか？　それは、買い物をするプロセスに原因があります。お店に入ってたくさん並ぶ素敵な品物を見て「この中の何かを手にする！」と思ったときに感じる高揚感、

「こんな自分でも店員さんはていねいに接してくれる」ことで満たされる自尊心……などで、つかのま「ダメな自分」を忘れられます。そしてついつい必要でないものや使えるお金以上の買い物をしてしまうのです。もし、ミニマルライフに気持ちを切り替えられれば、新しい自分と出会えるのではないでしょうか。終わることのない自分探しに疲れた人は、ぜひミニマルライフに目を向けてみてください。

ミニマリズムと日本文化

「ミニマルライフ」の概念は「ミニマリズム（minimalism）」からきています。「ミニマリズム」とは「完成度を追求するために装飾的趣向を凝らすのではなく、それらを必要最小限まで省略する表現スタイル。１９６０年代に音楽・美術の分野で生まれ、ファッションにも導入された」とあります（『ブリタニカ国際大百科事典 小項目事典の解説』より）。美術においては「ミニマル・アート」、音楽においては「ミニマル・ミュージック」、建築においては「ミニマル・アーキテクチャ」、服飾は「ミニマル・ファション」と称されます。

ミニマリズムのそもそもの起こりは一九一七年にオランダではじまった芸術におけるムーブメントだったとも言われています。オランダ語で「デ・ステイル」と呼ばれ、意味は「ザ・スタイル（様式）」です。必要最小限の色と形によってのみ描かれる抽象表現や、建築デザインを追求する考え方でした。本格的な抽象絵画を描いた最初期の画家とされるモンドリアンが参加して創刊した芸術雑誌『デ・ステイル』によって唱えられた芸術理論「新造形主義」が牽引した芸術的ムーブメントにより、ミニマリズムが浸透していきました。後にイブ・サンローランがモンドリアンの代表作である「赤、黄、青と黒のコンポジション」をそのままモチーフにしたデザインを「モンドリアン・ルック」として一九六五年のコレクションで発表します。目にしたことがある人も多いのはないでしょうか。

パソコンのアップル社のデザイン・コンセプトも基本はミニマリズムです。「Keep it Simple」が一貫したフィロソフィーだそうです。アップルの i-phone のデザインは、まさにミニマルデザインの集大成とも言えます。本体の操作ボタンの少なさ、基本操作のシンプルさはアップル社製品の大きな特徴でもあります。

「シンプルにする、つまり、背景にある問題を本当に理解し、エレガントなソリューションを考え出すというのは、とても大変な作業なんだ」(『スティーブ・ジョブズⅡ』講談社)。

アップル社の創始者であるスティーブ・ジョブズ氏も有名なミニマリストのひとりです。彼は日本文化の「シンプルさ」をとても好んでいて、禅やわびさびの考え方がアップル社のミニマムデザインの根底にあったようです。ジョブズの公式伝記本『スティーブ・ジョブズⅡ』には次のような記述もあります。

「集中力もシンプルさに対する愛も、『禅によるものだ』とジョブズは言う。禅を通じてジョブズは直感力を研ぎすまし、注意をそらす存在や不要なものを意識から追い出す方法を学び、ミニマリズムに基づく美的感覚を身につけたのだ」。

たしかに、日本文化にはミニマリズム的エッセンスがふんだんにあります。わびさび（侘び寂び）の「侘び」とは動詞の「侘《わ》ぶ」の名詞形で、本来は「不足した状態・簡素であることなどを表した言葉でしたが、中世ごろに「閑寂な中に美を見いだす」新しい美意識となり、室町時代の茶の湯文化と結びついてさらに発展し、広く認知されていったようです。

「寂び」は動詞「寂《さ》ぶ」の名詞形で「時間とともに劣化した状態」の意味から変じて、古びて味わいがある、枯れた様子に感じられる渋さ・趣などを表すようになったようです。たとえば江戸時代の町民の生活は、長屋の一間（プラス台所の土間）に家族数人で暮らし、机といえばちゃぶ台が一つあるくらいでした。食事も勉強も団欒も寝るのも同じ空間で過ごしていた時代に、人々はたくさんの物を所有しようとは考えなかったと思われます。というのも当時は「損料屋」という、いわばレンタルショップがあり、布団や衣類、鍋や釜などなんでもレンタルできたようです。住まいも賃貸でしたから引越しの際の荷物は着物とわずかの小物程度です。そして、着物や履物、桶などの生活道具は壊れれば修理をしてまた使う徹底したミニマルライフが江戸の町にはあったのです。

日本の暮らしの根底には先人から受け継いだミニマリズムがあり、それが日本人の美意識をも育んでいるとしたら、私たちがミニマルライフにたどり着くのは自然な流れであり、原点回帰と言えるのではないでしょうか。

ファッションの世界のミニマリズム

次にファッションとミニマリズムの関係について考えていきましょう。ファッションの世界には「ミニマルファッション」というジャンルがあります。一説には、ミニマルファッションは一九九〇年代に台頭してきたとされ、八〇年代の華美でゴージャスなデザインの時代を経て、シンプルかつ装飾を削ぎ落としたスタイルへ人々の志向が変化していったという流れのようです。

「ミニマリズムの旗手」という異名を持つデザイナーが、ヘルムート・ラングです。彼が八〇年代後半から提案した最小限のミニマルでシャープなスタイルが多くのデザイナーに影響を与えました。ほかの代表的なデザイナーとして、アルマーニ、ジル・サンダー、そしてプラダなどの名前が上がります。

また、九〇年代はファッションのビジネス面での転換期でもありました。ビジネスの世界でのグローバル化を受け、ファッション界でも企業戦略やマーケティングに重きを置くアプローチが展開されるようになります。より実用性があるライフスタイルを重視するリアルクローズ（基本的な日常着）へのニーズが高まるなか、ユニクロやH＆Mなどファストファッションの台頭へとつながっても行きました。

ただ、ここで強調しておきたいことは、「ミニマルファッション」＝「ファストファッション」ではないという点です。ミニマルファッションは、現代的に洗練されたシンプルなデザインの服、デザインを削ることで完成度を高めた上質の服です。一方のファストファッションは「すぐに・いつでも着られる普段着」であり、ジャンル分けをするなら、汎用性のあるベーシックな普段着です。

たとえば、前述のアルマーニはデザインよりもシルエットやカッティングを重視したスタイルであり、ジル・サンダーは素材感や品質へのこだわりを昇華させ完成させたスタイルです。プラダは工業用防水ナイロン生地をバッグの素材に採用したリアルクローズとハイファッションを融合させせました。

日本のデザイナーでは、ヨージ・ヤマモトやコム・デ・ギャルソンなどがミニマルファッションの担い手ではないでしょうか。ヨージ・ヤマモトのデザイナーである山本耀司氏は、「これを崩したらもう服ではないというぎりぎりの服を作っているつもりなのに」(『ちぐはぐな身体』鷲田清一著、ちくま文庫）と語っておられたそうです。

また、山本氏の言葉には次のようなフレーズもあります。「一着の服を選ぶってことは生活を選ぶことだから」（『ちぐはぐな身体』）。

服とは不思議なものです。人が社会生活を送る上でのひとつの道具であるはずなのに、それを身につけることによって気持ちは変化し、ひいては対人関係にまで影響を及ぼします。だからこそ、私たちの多くは（すべてとは言えませんが）、服選びにある程度のパワーを使うし、悩んだりもするのでしょう。

「とめどなく変化する流行を映しだす服」ではなく、「不変でありながら良い服」を求めるミニマリストたちは、変化する時代を追い求めることに時間を費やすのではなく、変わらぬものに寄り添って自分の居場所を確保することを選んでいるのかもしれません。消費という刺激から得られる快感ではなく、静かに内なる自己と向きあう世界を構築するという選択です。サントリーのウィスキー「山崎」の宣伝コピーのこんな文章を思い出しました。

「なにも足さない、なにも引かない。ありのまま、そのまま。この単純な複雑なこと。」（サントリー　シングルモルトウィスキー「山崎」一九九二～一九九四年広告より）

ゆがんだ「もったいない」精神の呪縛

いま、お財布に現金がいくら入っているか、正確に思い出せるでしょうか。お札の枚数だけでなく、小銭が何円まであるかを正確に言える人なら、いま自宅の冷蔵庫にある食材や、洗剤など身の回り品のストックについても把握しておられるでしょう。無駄な衝動買いもしません。無駄な買い物をしなければ、家に物があふれる事態も避けられます。

この本はファッションがテーマなので、ここではミニマルライフの実践編として自宅のクローゼットの見直しについて考えていきます。まず、クローゼットを見渡してください。

A　最近よく着ている服

B　今シーズン、必ず着るであろう服

と、

C　今シーズンはもちろん、昨シーズンも着ていない服

D　持っていたことを忘れていた服

それぞれの選別をしましょう。そして、できれば、CとDはクローゼットから出していったん、ダンボール箱などに入れて保管します。クローゼットからはみ出していた服の選別も忘れずにします。クローゼットが隙間なくいっぱいだったとしても、これで少し空間ができたでしょう。

さて、AとBについて望ましいのは、ひと目でどんな服を持っているのかが見渡せる状態です。クローゼットが広くて同じ空間に収納できれば、さらにいいでしょう。私の場合は、シーズン中に着る服はクローゼットから出してハンガーラックに掛けています。幅一二〇～一五〇センチメートルぐらいのラックが一本あれば、三〇着ほどは吊るせます。シャツ一〇着、スカート・パンツなどで七～一二着、ジャケット三～五着、コート三着ぐらいでしょうか。この程度だとひと目でワードローブが判別できるので、コーディネートを考えるときもイメージしやすくなります。また、帰って脱いだ服は湿気を含んでいるため、閉塞したクローゼットにし

まうより通気性がいいハンガーラックに掛けておくほうが大切な服にとっても良いと思っています。

シーズン中に着るであろう全ワードローブを把握しておけば、買い物の後に「同じようなのを持ってた……」という残念な失敗が避けられます。また、ショップで欲しい服を見てもワードローブとの組み合わせが可能かどうかをイメージしやすくなるので衝動買いをしなくなります。買い物を減らせば、クローゼットを占拠する服も増えません。

クローゼットを占拠するワードローブの選別ができたら、次のステップへ進みます。先ほど箱に分けたCとDは、シーズン中はそのまま箱に入れておきます。着る機会があれば、そのときに箱から出してクローゼットに戻します。もしシーズンが終わる頃まで箱から出すことも、思い出すことさえもなければ、それは不要な服です。そのまま廃棄するかリサイクルに出しましょう。「今年は着なかったけれど、来シーズンは着るかも……」という迷いは禁物です。

物を捨てるときに感じる「もったいない」気持ち、この感情とうまく折り合いをつけることが人生を豊かにするか否かを大きく左右するといっても過言ではありません。というのも、私たちは日々、「埋没費用」＝「サンクコスト」問題と向き合い、選択を迫られているからです。

「サンクコスト」とは「回収不可能な費用」のことです。具体的に言えば、チケットを買ったのに残業で行けなかったコンサート費用や、中止した旅行のキャンセル料などです。これらのサンクコストはもったいないものであり、この体験に対して人はマイナスの感情を抱きます。

すると、人はサンクコストに対する必要以上の嫌悪感を抱くようになり、避けることにパワーを使うのです。

サンクコストを回避しようとする人は「せっかくお金を払ったのだから」という理由で今度は時間や経験をムダにするようになります。たとえば、映画館へ観に行った映画を上映後すぐにおもしろくないと感じたとしても「高い料金を払ったのだから観て行こう」と思い、最後まで観てしまった、そんな経験はありませんか。でも、これでは時間を有意義に使っているとは言えません。おいしいコーヒーを飲んだり、人と楽しくおしゃべりをしたりする時間を犠牲にしてまで、どうしてつまらない映画を観るために座っているのでしょうか。それは、ひとえにサンクコストである現状を認めたくない＝失敗を認めたくない心理的な働きのせいです。

それまでの投資や出費を惜しんでやめるにやめられない状態を「サンクコスト効果」や「コンコルドの誤り」などと言います。「コンコルドの誤り」はフランスとイギリスが共同開発した超音速旅客機・コンコルドに由来します。最新科学の粋を集めた夢の旅客機として開発が進められ、世界的にも注目されましたが、あまりにも膨大な費用とそれに見合うだけの利益は見込めないことが判明します。それでもすでに投資した巨額の費用が無駄になるのを惜しんで撤退できず、世界的な注目度の高さもあってしばらくは運航を続けていましたがついに苦渋の決断をくだし、二〇〇三年に定期運航は終了しました。これが「サンクコストの誤り」を象徴しすぎるエピソードとして、いまや名称にまでなってしまったのです。

「コンコルドの誤り」がもたらす危険性を身近な例で考えてみましょう。久し振りに都心のおしゃれなショッピングセンターに出かけたときや、郊外のアウトレットモールに遠征したときを思い起こしてみてください。「せっかく来たのだから、何か買って帰らないと今日一日を損した気になる……」と、無理やりに何かを買った記憶はありませんか。この場合は、買い物までに費やした時間を惜しむ気持ちや、何も買えなかった虚しさを感じたくない気持ちなどに囚われて、冷静な判断ができなくなっているのです。そして、それほど欲しくなかった服や小物でも買ってしまうと今度は「捨てるのがもったいない」と気持ちや空間が物に侵食されて、どんどんミニマルライフから遠ざかりかねません。

「もったいない」は日本が誇れる文化であり、いまや世界に通用する言葉にもなっています。とはいえ、「もったいない」の呪縛から抜け出せずに時間や空間、気持ちまでを犠牲にしては本末転倒です。それこそ、人生が「もったいない」状態になってしまいます。

もし、ミニマルライフを目指すのであれば、「もったいない」や「サンクコストの誤り」から気持ちを解放する必要があります。そこで、身の周りにためこんだ物を思いきって捨ててしまうのも、ひとつの方法です。荒療治ではありますが、物を捨てる痛みを感じることで次からの無駄買いをやめるきっかけになるかもしれません。

「もったいないから捨てない・取っておく」のではなく、「もったいないから必要以上の服・物は買わない（捨てることになる物なら買わない）」に考えかたをシフトチェンジするのです。

そうすれば、買うときにじっくりと時間をかけることにもなりますし、同じような物を買う失敗も避けられそうです。

「捨てることになるような物は買わない」ために、もうワンステップ考え方を変えましょう。「長く大切に使える物かどうか」そして「自分をハッピーにできるかどうか」です。そうすると自然に上質な物を選ぶようになります。上質な物であればお財布と相談しながら少しずつ、少しずつ、時間をかけて購入するでしょう。服であれば、上質でトレンドに左右されない服を選ぶ方向に気持ちのベクトルが向き、自然にミニマルファッションを手に取るようになりそうです。

ただ、若い人に関して言えば若いうちはいろいろな経験をしたほうがいいと思うので、トレンドを追いかけて楽しむのもいいでしょう。トレンドファッションは長く着るものではないし、経済的なことも考えてファストファッションやプチプラ（プチプライス、安価な）・ブランド商品などを賢く活用して、シーズン終わりには一斉に処分するぐらいのつもりでいいと思います。

ミニマルな生き方から見えてくるもの

「物が捨てられない」「衝動買いがやめられない」という問題を解決するには、どうしたらいいか少し考えてみましょう。物が捨てられない理由のひとつとして「もったいない」精神の功罪であるという解説をしました。ただ、もう少し掘り下げて考えてみると、問題はその人自身の生き方と関わっていることがあります。

自分は物が捨てられない・片づけられないと思っている人は、以下の項目について考えてみてください。

・人から頼みごとをされると断れない。
・仕事を優先して、家族や友人とのプライベートな約束を延期してもらう。
・忙しすぎると思うが現状を変える方法がわからない。
・人から嫌われるのが怖くて言いなりになってしまう。

どれかに当てはまった人は、ミニマルライフを送る前にひとつの壁を乗り越える必要があるかもしれません。

シリコンバレーのコンサルティング会社「THIS Inc.」のCEOであるグレッグ・マキューン氏の著書『エッセンシャル思考――最少の時間で成果を最大にする』（かんき出版）には、次のような記述があります。

「人生も仕事も、クローゼットと同じだ。必要なものと不要なものを区別できなければ、どうでもいいことで埋めつくされてしまう。捨てるしくみをつくらないかぎり、やることは際限なく積み上がっていくばかりだ」。

そしてマキューン氏はクローゼットの整理法を紹介しています。

「1評価する　『いつか着る可能性があるだろうか?』という考え方はやめよう。そのかわりに、『大好きか?』『すごく似合うか?』『しょっちゅう着るか?』と考えよう。もしも答えがノーなら、それは不要なものだ。（中略）2捨てる　クローゼットの洋服を『いるもの』と『いらないもの』に分けたとしよう。さて、『いらないもの』を今すぐ捨てる勇気があるだろうか?『やっぱり、もったいない』と感じるのも無理はない。心理学の研究によると、人はすでに持っているものを、実際よりも高く評価する傾向があるという。一度買ってしまうとなかなか捨てられないのはそのせいだ。そんなときは、こう考えてみよう。『もしもこれを持っていなかったら、今からお金を出して買うだろうか?』すると、知らず知らずバイアスがかかっていたことに気づくはずだ。人生や仕事においても、いちばん重要ではないとわかっているのに、なかなか捨てられないことがある」（同著）。

捨てるには努力が必要なようです。私たちは知らず知らずのうちに本質的なことを見失っています。いろいろなしがらみや固定観念にがんじがらめになり、閉塞感を感じているのです。「これを持っていたら……」「これをやっていたら……」と、さまざまな「たら・れば」を考えるあまり、「あれもこれも」と持ちきれないほどの仕事や服を抱えてしまっています。選択する意思の力を失っていないでしょうか。

何か感じるところがあった人は、クローゼットの整理をはじめてみてください。クローゼットがすっきりシンプルに片づいたとき、心のもやもやもすっきり晴れて輝かしい未来が見えるかもしれません。

第10章　ファッションコミュニケーションでハッピーライフ！

おしゃれを意識する習慣を身につけましょう

ここで、あなたが今朝からいままでに何をしたか、思い出してみてください。起きて洗面を済ませ、朝ごはんを用意して食べ、着替えや化粧を済ませ、家を出て会社か学校に行く……といったところでしょうか。では、これら一連の行動をする際に、あなたはどのようなことを考えていたでしょうか？　たとえば、目が覚めたとき「起きてすぐに歯を磨こうか？　顔を洗おうか？　トイレに行こうか？　先に着替えようか？　食事の支度にしようか？」など、考えてから行動に移したでしょうか？　多くの方の答えは「ノー」でしょう。それは、毎日繰り返している習慣を今日もまた繰り返したからです（今日がたまたま休日だった場合は、行動パターンが平日とは違うかもしれませんが）。

私たちの多くは習慣が定着化された行動によって日々を過ごしています。一度習慣にしてしまえば、無意識のうちにそれをこなすことができます。車の運転にしてもしかり、毎日の食事

習慣の定着化のサイクル

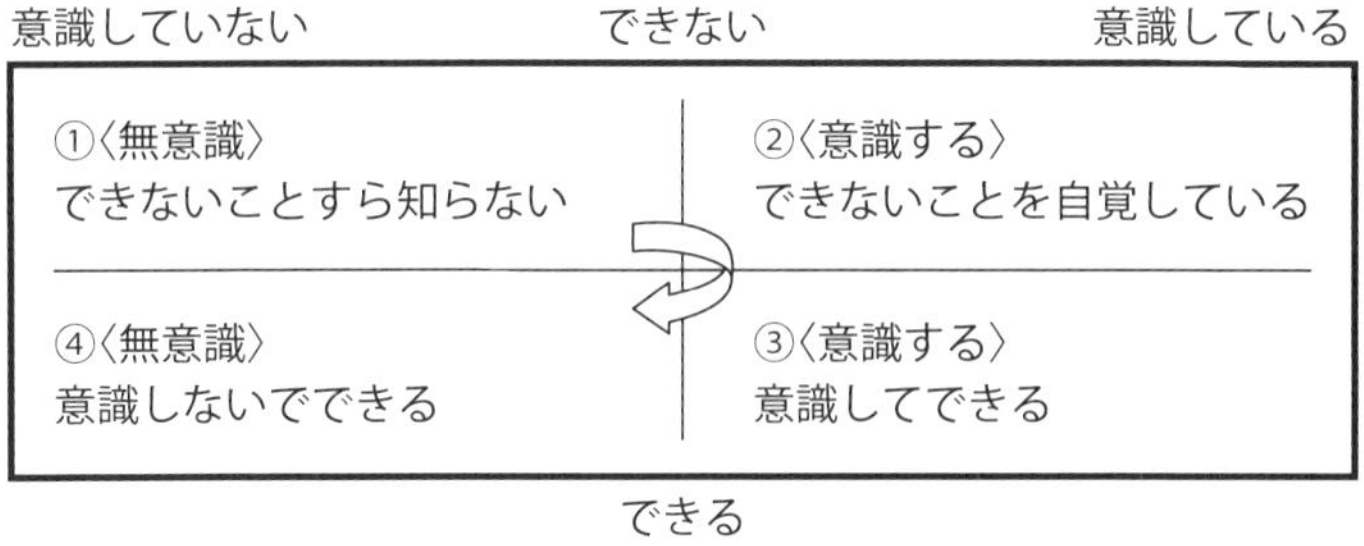

のための料理にしても、パソコンの操作や仕事に使う機器類の操作にしても同様です。これらを毎日、人に教えてもらったり、取扱説明書を片手に操作したりしていては、非常に効率が悪くなり時間もかかります。つまり人が生きるうえで習慣化は、かなり重要なキーワードになっています。

ただし、習慣化はメリットばかりではありません。脳は一度習慣化したことに関しては、それを変えることを嫌うようです。いつもと違う行動パターンを選択すると予測不能な結果を引き起こす可能性があり、生命維持の観点から危険を回避しようとするからです。私たちが新しいチャレンジをしようとしても重い腰が上がらなかったり、やり始めてもなかなか長続きしない理由のひとつです。

ここで、話をファッションに戻します。「おしゃれに関心がない」と他人に感じさせる人の特徴のひとつは「いつも同じような服の着こなし、ファッション」ではないでしょうか。こういうタイプの方は「おしゃれの枠組が少し狭い」のだと思います。それは、ファッションに関する知識の狭さでもあり、経験不足でもあるでしょう。自分に対する認識の不足、他者とのコミュニケーション不足でもあります。知識や経験が不足し狭い人は「おしゃれをしない」「服装に気を遣わない」「流行を知ろうとしない」「他人のアドバイスを聞かない」ことが習慣化されている可能性があるかもしれません。

けれど意識することで習慣は変えられます。いままでおしゃれをせずに過ごしてきた人でも、おしゃれを意識した服選びを続ければそれは習慣となり、その後は意識せずとも服装に気を遣うようになります。

女性の場合は、おしゃれな友人や、お気に入りのショップを見つけてプロのスタッフにアドバイスをしてもらってもいいでしょう。憧れの有名人を徹底的にマネする方法（他者を手本とするモデリング）もあります。ただ、この場合、自分のイメージや体型、年齢が近い人を対象にすることをおすすめします。その方が良い結果を得られやすいからです。せっかくマネをしても結果が出なければ習慣化せずに挫折して、ますますファッションから遠ざかってしまっては意味がありません。

男性には、私の友人であるテーラーメードのオーナーの言葉を贈ります。

「ショップは男性の武器庫である。間違っても彼女と一緒に出掛ける場所ではない」。

ショップに行けばシーンに応じて必要な武器（服や小物）は、なんでも揃うというわけです。ショップのスタッフに「このシーンにはどんなスタイルで臨めばいいいか」を相談すれば必要な物は揃えてくれます。見た目の完璧さはもちろん、プロの助言に基づいているという精神的なサポートを得られたことで万全を期して闘い（ビジネスやデート）に赴《おもむ》けます。補足すると、このフレーズを言った彼はショップには女性と一緒には行かないそうです。あくまで「男性の武器庫」であり、準備をしている姿を見せて手の内を知られてしまう危険は冒さないそうです。

また、男性の中には「おしゃれかどうかを気にするなんて、かっこ悪い」と思っている人もいるかもしれません。確かに自分のおしゃれを自慢したり、おしゃれかどうか、ハイブランドを身につけているかどうかを価値基準にしたりするのはかっこ悪いと思います。でもここでいうおしゃれとは他人を不快にさせない、もしくは他人とのコミュニケーションをスムーズにするためのツールです。そういう意味でもショップスタッフという第三者の意見を参考にした服選びは自分を俯瞰《ふかん》的に見ることにもなり、勘違いをしたかっこ悪いスタイルを避けることができます。ショップスタッフに対し、ざっくばらんに「おしゃれがよくわからないのでコーディネートしてほしい」と言うことは、他者との間の壁をひとつ破ることにもつながります。これら一連の行動によってファッションの枠組が広がるだけでなく自分の新しい一面を発見することができるでしょう。気がつけばコミュニケーションの枠組も広がっています。

英語が上達するコツは、ひたすら英語に慣れることだと言われます。家にいるときは英語のニュース放送をひたすら流して無意識に耳に入るようにしたり、新聞や書籍など膨大な英語の文献を読んだりすることを続けていたら、ある日英語を理解できるようになっている……という体験談も耳にします。ファッションセンスの磨き方も同じです。無意識におしゃれを意識した服選びができるようになるまで、しばらく頑張ってみましょう。きっと世界の広がりを感じ、高揚感を得られます。

失敗体験によっておしゃれセンサーが磨かれる

第2章で「失敗体験も引き出しにしまっておく」という項を書きましたが、失敗体験をうまく咀嚼《そしゃく》することは次の成果や成長につながります。

かくいう私もたくさんの失敗体験を経てきたひとりです。そのうちのエピソードのひとつが、ジャケットの着こなしです。少し前までビジネスシーンにおける私の制服はジャケットでした。プレゼンなどの重要な場面はもちろん、気心の知れたクライアントとのちょっとした打ち合わせなどでもジャケットスタイルを定番にしていました。それは「相手を尊重し、きちんとした服装でお会いしたいから」という気持ちからの選択でした。それが、ここ数年はちょっとした打ち合わせの場合、ノージャケットでニットセーターやカーディガンなど、カジュアルテイストの服装で行く機会が増えてきました。ただし、カジュアルではあっても品の良さとトレンドを押さえています。また、クライアント関連のショップで購入したアイテムにするなど、いくつかのポイントがあります。すると打ち合わせの際、「今年のトレンドをいち早く押さえていますね」「うちのショップで購入されたアイテムですね」など、会話の幅が広がることに気づいたのです。ジャケットスタイルであれば、必要なビジネス会話をして終わっていたコミュニケーションの幅が広がったわけです。

ジャケットスタイルに関しては、こんな失敗もありました。三〇代前半の頃、イタリアから来日したベネトンのデザイナーさん（創業ベネトン社長の妹さん）のマーケットリサーチのアテンドをさせていただいたことがありました。私は失礼のないようミラノで購入したアルマーニのスーツで出向いたのですが、それを見た彼女の第一声が「アルマーニ！　あなたの年齢でなんて地味なスタイル。イタリアでは五〇代の官公庁の女性が着る服よ」と驚かれてしまいました。ベネトンといえば、カラフルな色使いのニットで一世を風靡《ふうび》したブランドです。いま考えれば一張羅のアルマーニでベネトンさんのアテンドはやはりよくはなかったと思えますが当時の私にはその気配りはできませんでした。この失敗体験が「スーツスタイルは万能ではない」と気づかせてくれたのです。ときとしてスーツやジャケットは一方通行のコミュニケーションしか生まないことを学びました。そのことに気づいてからは、相手の目線に合わせた服選びができるようになったと思います。たとえば、大学での講座に臨むときは生徒たちの世代のトレンドを考慮した服を選びます。すると「先生、今日の服カワイイ！」と生徒との距離が縮まり、「さすが、トレンドを取り入れるのが早い！」と生徒たちに一目置かれるようにもなります。

失敗談で言えば、ほかにもこんなケースがありました。気に入って購入したスカートをはいて会議に臨んだのですが、長時間の会議が終わって立ち上がったとき、後ろがシワシワになっていてとても恥ずかしい思いをしました。シワになりやすい素材だということに気づいていなかったのです。素材面で言えば、まだあります。購入して初めてのシーズンが終わりクリーニングから帰ってきた服は、もう着る気にならないくらい傷んでいました。クリーニング屋さんでもメンテナンスがとても難しい素材の服だったようです。その他にも色落ちなど……しかし、服に罪はありません。服選びの際には素材やその他のことにも気をつければいいのです。いい勉強になりました。

失敗体験から服選びのとき気をつけるようになった点はもうひとつ、後ろ姿です。昔、他人から「今日の服はお尻がぷりぷり（パツパツ）ですね」と指摘され、恥ずかしい思いをしたことがありました。以来、クローゼットの近くと玄関先に大きな姿見を置いて、前からだけでなく後ろ姿もしっかりチェックしています。

過去の失敗体験をいくつか披露しましたが、これらは私の大切な財産でもあります。失敗を重ねることは何よりいい学習効果を生みます。その積み重ねが、ファッションのセンサーを磨いてくれるのです。ファッション雑誌をたくさん読んでポイントをチェックしたり、カラー・コーディネーションを学んだりという勉強もいいでしょう。でも失敗を恐れずに冒険して、ときには失敗することも大切な勉強だと意識してみてください。

自分探しとファストファッション

人は失敗すると自己評価が下がり、気分も沈みます。それゆえ失敗を回避しようとするのは心の自然な働きと言えるでしょう。ただし、思春期から青年期の人たちに関して言えば失敗は大人になるための通過儀礼であり、推奨すべき体験です。

思春期から人は「何のために生まれてきた？」「将来、どんなことをしたらいい？」「どうして、友だちのAさんと私はこんなに違うのか？」といったことを考えはじめ、悩みますが、これは大人になるための通過儀礼のひとつです。また青年期には、「自分にできることは何か」「自分がやりたいことは何か」などを自身に問いかけ、悩むことで自己のアイデンティティーを確立していく心の動きがあります。そのなかで得られた「これこそ自分が求める人生の目的だ」という実感を「自己同一性＝セルフ・アイデンティティー」と言います。

視点を変えて、ここで「モラトリアム」という心理学用語を紹介します。語源はラテン語の「ｍｏｒａ（遅延）」「ｍｏｒａｒｉ（遅延する）」で、もともとは経済学用語の「支払猶予期間」のことですが、心理学者エリク・Ｈ・エリクソンが「青年が大人になるまでに必要とする猶予期間」という意味で心理学に導入しました。

現在のような高度情報化、成熟化した社会背景の中で、年齢や身体的には大人になっても、本来は青年期の精神的な成長過程での悩みを持ち続け答えを探し続けている人が多くなったと言われています。

大人になっても自分を探し続けるのは、いろいろと頭のなかでシミュレーションはするものの実際に行動に移すことができずにいるなど、現実での経験値が不足しているためではないでしょうか。

では、なぜ、行動することができないのでしょうか。その理由のひとつに「リスクを負いたくない」という恐れが考えられます。リスクを冒して失敗するのを回避したいがため、個の世界にひきこもってしまう人が少なくないのではないでしょうか。

現代の二〇～三〇代は就職氷河期にやっとの思いで就職した世代です。たとえば本心では転職を希望する事態になったとしても、再度大変な思いをして仕事を探さないといけないという恐怖から現状維持に甘んじてしまいがちなのが特徴とも言われます。彼らの多くは競争を好まず、身の丈にあった「ほどほどの幸福」で満足しがちです。そんな彼らの選択肢の少なさは、実体験の少なさに起因しているように思えます。これまでの人生のなかで何かに挑戦した経験が少なければ、おのずと成功体験も限られます。成功した達成感や充実感を得た経験が少なければ、たった一度の失敗でも心理的ダメージは大きいでしょう。「また、あんな思いをするのはイヤだ……」という思いから、未来への期待よりも現状の平和を維持する道を選んでしまうのかもしれません。

失敗はそれほど悪い体験ではないと、若者たちに分かりやすく伝えることが今の時代には必要です。失敗体験を経て人は少しずつ強くなれます。折れにくい心が育めるのです。苦しみを経験するたびに自分がどんな人間か少しずつわかっていきます。モラトリアムに勇気を持って向き合うことで自己同一性が確立され、大人としての内面の強さが育まれます。

近年、ファストファッションが市民権を得るようになりました。ファストファッション（fast fashion）とは、トレンドを採り入れた低価格の衣料を短いサイクルで大量生産・販売するファッションブランドやその業態を指します。早くて安くておいしいファストフードにちなんだ造語で、二〇〇〇年代半ば頃から認知されるようになりました。エリザベス・L・クライン氏は著書『ファスト ファッション』（春秋社）で「ファストファッションは、一種の産業革命であることはまちがいない。ファッション業界のグローバル化とさまざまな技術の進歩なしには成しえなかった革命である」。「格安の流行品を売るチェーン店が、現代のわたしたちの生活にいかに密接に関わっているかということだ」と述べています。このファストファッションの台頭が青年期の若者とファッションの関わり方に影響をおよぼしているのではないかと考察できます。

かつて日本のファッション業界において製造・流通・販売はそれぞれ独立したものでした。その一連の流れを一社で行うことにより、スピーディーで低コストゆえの低価格商品が販売できるようになったのがファストファッションです。バブル崩壊後、デフレが進んだ日本において、まさに時代の申し子のようなファッションでした。「洋服代をできるだけ抑えたい。でも、トレンドも意識したい」という時代のニーズを捉え、急成長したのです。

ファストファッションは、手ごろな価格・気軽なファッションという魅力がある反面、とかく着捨てファッションになりがちです。その要因は低価格ゆえの耐久性に欠けた素材、トレンドを反映した一過性のデザインなどが挙げられます。

では、ファストファッションが時代を席捲する前の流行は、どうだったでしょうか？ いわゆるDCブランドのブームも含めたモード系のファッションでした。モード（mode）とは、もともとフランス語で流行やファッションを意味します。モード系ファッションとは、コレクションで発表される最新のファッションを指し、デザイナーやブランドのオリジナリティやクリエイティビティを反映している点が特徴です。かつてのDCブランドブームの時代において、ファッションとは「いかに人と違う装いをするか」がテーマでした。なぜなら、モード系のブランドは、流行を追うのではなく、創りだすことが命題です。素材や縫製などにこだわった上質のアイテムはどれも高価格であり、一部の富裕層以外、ファッションに高感度な人間は選択を重ねて購入する必要がありました。欲しい服をある程度、大量購入できるファストファッションとの大きな相違点でしょう。

ファストファッションとモード系ファッションのどちらを選択するかは、個人のファッションに対する捉え方や費用対効果によってさまざまです。しかし、ファストファッションで満足していて自分スタイルに対するアイデンティティーが確立できるでしょうか。

たとえば、ファストフードばかり食べている人間について考えてみてください。お世辞にも健康的とは言えません。もし成長期の子どもであれば栄養が片寄りがちで決してバランスが良いとは言えません。ファッションでも同じです。ファストファッションばかりで満足していると、おしゃれに関する素地が育まれにくくなり、上質に対する感性が磨かれる機会もなくなります。

自分に似合うファッションを探している間はいわば、ファッション・モラトリアム時代です。その期間、ファストファッションはもちろん、多様なファッションを試すという冒険心も必要です。ファッションはいろいろなシーンや対面する相手によって変化させる必要があります。さまざまな経験を踏まえてこそ「この場面には、このファッション」というノウハウを得ることが可能となり、その後の選択も容易になります。

「自分は自分以外の何者でもない」という意識が何よりも重要です。すべての人は世界にただ一人のユニークな存在です。時にはだれもがすぐ手にできるお手軽ファッションもいいでしょう。ファッションと人とのつきあい方は変わっていくはずではないでしょうか。エリザベス・L・クライン氏は「二〇ドルのシャツを三枚買うよりも、丈夫で美しく仕立てのいいシャツを一枚買うことをお勧めする。ほとんどの消費者は。使い捨ての格安ファッションに自分がどれだけのお金を使っているかを認識していない。安物買いの銭失いをやめ、何年経っても着られる服に投資するほうが、長い目で見れば経済的だ」と述べています（『ファスト ファッション』)。私も同感です。

ただ、私はファストファッションが悪いと言いたいのではありません。若い人たちの「質より量」で安い服を着捨てる傾向が良くないと思っています。もっと自分の着る服を大切に考える習慣を身につけてほしいと願います。

自分を育てる服と出会う

ある心理学の実験について紹介します。対象は三歳から六歳の子ども約四〇人です。彼らに三次元コピー機を「どんなモノでもコピーできるんだよ」と説明し、実際に見本のオモチャのコピーをして見せたそうです。それを見た子どもたちの反応がおもしろいのです。コピーのおもちゃに大興奮した彼らは、オリジナルのおもちゃよりコピーに対して関心を示す傾向にありました。ところが、次に同じ子どもたちに「きみたちの大事なおもちゃを同じようにコピーしてあげよう」と言ったとき、ほとんどの子どもがそれを拒否したそうです。オリジナルだからこそ、価値がある。愛着があるし、好みにしっくりくる。手になじむ……。この実験から、人はオリジナルのものを手にしたときに得られる高揚感を好むことがわかります。

ファッションについても同じことが言えるのではないでしょうか。好きなブランドのアイテムを手にしたときの幸福感は格別です。もし、それがコピー商品であったらどうでしょうか?

デザイン的な相違はなかったとしてもオリジナルが人に与える心理的作用は望めません。「コピー商品をさも本物のように偽って他人に見せる」ような使い方をすれば、卑屈な体験にさえなるでしょう。

一流ブランド品にはデザイナーや職人のこだわりやプライドといった独自の背景がありま す。生地や皮の色、厚さ、縫製の仕方など隅ずみまで計算され、唯一無二のものだという作り手の自信が存在意義を高めています。そこで提案したいのが「自分に自信がないときほど、一流ブランドの力を借りてもいい」、つまり「虎の威を借りる」のです。それを実行しているのが液晶画面の向こう側にいる芸能人や有名人です。彼らは競争の激しい世界で少しでも自分の存在価値を高めてライバルに勝つために、より上質のブランドを身につけて力を借りています。この方法は、かなり有効です。ブランドによる仮のパワーを得て自分を大きく見せましょう。最初は仮のパワーでも、やがては栄養になり、自身を変化させるきっかけづくりにもなります。

だから、大切な会合などがある際は少し背伸びをしてハイブランドのスーツなどを用意してみることをおすすめします。その服を着た自分を鏡で見たときの気持ちをじっくりと見つめてみてください。背筋がシャキッと伸びるのか、少し畏怖する気持ちがあるのか、やっとこの服が着られるようになったことへの感慨か……。いずれにしても、いままで経験したことのない気持ちではないでしょうか。それは、人生の新しい一ページが開かれた証でもあります。私自身、アルマーニやジル・サンダーなどのハイブランドのパワーに何度も助けてもらい、育ててもらいました。自分を育ててくれる服選びのポイントは「いまの自分に似合う服」ではなく「目標とする自分に似合う服」を探すことです。最後に、いまいちど、ナポレオンの有名な名言を紹介しておきます。「人はまとった制服のしもべになる」。

ファッションからのメッセージ

躍動的なファッションができるときは精神面も健全だと考えられます。以下は私の体験談です。仕事でストレスが重なっていたとき私は無意識のうちに三日間、同じ服で仕事に行っていました。朝、服のコーディネートを考える気力がわかなかったのです。化粧をする気もせず、髪の毛は無造作にひとまとめにしていました。そんな日が三日続いたとき、ふと鏡の中の自分を見て、その生気のなさにびっくりしたのです。初めて自分の内面の危うさを自覚しました。自分が変だと意識できた時点で立ち直ることができました。

私の体験も踏まえた上で述べるのですが、ファッションはストレスのバロメーターになり得ます。服のコーディネートやヘアメイクが一定のパターンから抜け出せなくなっているときはストレスのサインだと疑ってみてください。

変化の無いファッションは内面の危機管理にとって重要なだけでなく、コミュニケーションをする相手に対しても、ときとして有り難くないメッセージを発信していることがあります。

たとえば、恋人や夫などの身近なパートナーに同じジャージウエア姿しか見せないとか、特別な記念日にも普段の服しか着ない場合、相手に「あなたに会うことは私の重要事項ではありません」と伝えてしまう恐れがあります。「心を許している相手だから、大丈夫」がいつも通用するとは限りません。ファッションに少し気を遣ってみることで「あなたに会えてうれしいから、私なりにおしゃれしました」と、非言語のメッセージを発信することもできます。メッセージを受け取った相手もイヤな気はしないでしょう。「親しき仲にも礼儀あり」ならぬ「親しき仲にもおしゃれあり」です。普段のファッションを見直すだけでまわりの世界がいままでよりもっと心地いい世界に変貌するかもしれません。ファッションを最大限に有効活用して有意義な時間をつくることができるのが、ファッションコミュニケーションなのです。

ファッションコミュニケーションが有効なのは人対人ばかりではありません。プライベートライフを快適にするスキルとしても有効です。学校や職場から帰宅して、再び外出する予定がなければ着替えをします。おそらく、リラックスできる部屋着でしょう。では、夜、就寝する際にはどうでしょう。部屋着とパジャマは同じという人は、意外に多いのです。

オムロンヘルスケアとワコールが二〇一三年三月一八日の「春の睡眠の日」に向けて行った「パジャマと眠りに関する共同実験」があります。対象者は国内在住の二〇～四〇代、普段はパジャマに着替えずに就寝する男女三〇名（男性一〇名・女性二〇名）で、彼らがパジャマに着替えることで眠りにどのような変化があるかを調査しました。結果を見ると……。

〈衣類と就床時間〉
・パジャマ以外の衣類　七時間一八分
・パジャマ着用　七時間二一分　　　ほとんど差は見られない
〈寝つきにかかった時間〉
・パジャマを着なかったとき　平均四七分
・パジャマを着たとき　平均三八分
〈夜中の目覚め回数〉
・パジャマを着なかったとき　平均三・五四回
・パジャマを着たとき　平均三・〇一回

この実験から見ると、パジャマを着ると眠りにいい影響を与えられることがわかります。眠りと深い関係があるのが自律神経で、自律神経には交感神経と副交感神経があります。交感神経は昼の行動を助けてくれます。夜、リラックスした状態や眠りにつくときに働くのが副交感神経です。交感神経から副交感神経に切り替わるときには少し時間がかかるのですが、パジャマに着替えるなど眠る前のお約束となる行動を起こすことでスムーズな切り替えが促されるそうです。この眠りにつく前の習慣を「スリープセレモニー（入眠儀式）」とも言います。心地よい眠りの儀式としてパジャマに着替える効果は、「アンカリング」（条件付け）でもあり、先ほどの習慣化ともつながってきます。「勝負ジャケット」「勝負パンツ」など特定の衣装や身の回り品によるアンカリングは、仕事やスポーツでここぞという時のモチベーションを上げるにも効果的です。ぜひ活用してください。

さて、多くの人は「人間の心とは、とかく複雑だ」と考えがちですが、自分が望む方向に心を動かすことが意外にたやすくもあると、この本でお分かりいただけたでしょうか。そして、心のスイッチを切り換えサポートをしてくれるのが服の力であり、人の心理面に働きかけるファッションコミュニケーションなのです。心、命を輝かせる服があることがわかれば、人生はもっと楽しくなります。「自分探し」に疲れて人生の迷子になりそうなときは、ぜひ服のパワーを借りてみてください。「こんなことで!?」と拍子抜けするぐらい、目の前の壁がなくなるような体験ができるでしょう。

あとがき

ファッションとコミュニケーションはともに技術であり、磨けば磨くほど光ります。

私は二〇代からファッション業界で商品企画と教育の仕事をしてきました。その当時、上司から「自分の講演やプレゼンを録音して、後で聞いてみると話し方の勉強になるよ」とアドバイスをもらったものの「めんどうくさいなあ」と、実行しませんでした。本音を言えば、自分の話しぶりを振り返るのが怖かった、もっと言えば、ダメさ加減を目の当たりにするのがつらかったのだと思います。

鏡を見るのが好きな人がいます（私の周りにもたくさんいます）。その人はきっと、自分に自信があるのです。鏡の中にいる自分を見て気分がよくなるからこそ、見るのではないでしょうか。私は鏡に映った自分に自信がないから見る回数は比較的少ないと思います。朝、顔を洗うときとトイレでのメイクチェックと出がけに全身を鏡で眺めるぐらいです。それは社会人としてビジネスシーンで相手に失礼のないようにという意識や義務感から見ているにすぎません。

三〇代半ばから東京方面の仕事が増えました。いまでこそ関西弁のノリは関東でも受け入れられていますが、当時、ビジネスでは標準語が常識でした。関西弁訛りのなんだか歯切れの悪い標準語を使っていたせいからか、自分の話しぶりが不安でしようがありませんでした。それでも会話を録音して聴き返すことをしませんでした。いまから思えばしっかり聴き返せばもっと上手に話せたのではと思います。

四〇代半ばのころ、何人もの人に「高田の話はわかりやすい」「聞きやすい」というフィードバックをいただきました。それは思いもよらぬ評価であり、とてもうれしかったのを覚えています。苦手だと思っていたことを褒めていただいたことで「話しぶりに自信を持ってもいいのかな?」と気を良くした私は、周りの人からのフィードバックを大切にするようになりました。「もっと素敵なコミュニケーションができるようになりたい!」と思うようになり、大阪以外に東京でもコミュニケーションの勉強を始めました。なぜ地元の関西ではなく東京を選んだのかというと、「どうせなら、苦手意識がある東京でコミュニケーションの勉強をしよう。苦手な東京で話し方に自信が持てるようになれば、自分自身の他のコンプレックスも解消できるのではないだろうか」と思ったからです。

はじめに学んだのがキャリアカウンセリングでした。これは人それぞれにとっての望ましい職業選択やキャリア開発に向けて支援をすることです。キャリアカウンセラーは相談者の悩みや意見に耳を傾けて(傾聴)、相談者自身が答えを見つけられるようにサポートします。私もこのときに「傾聴」について学びました（後にファッション業界専門の職業紹介所を開くきっかけにもなりました）。対話のうち八割は相手の話を聞く傾聴は、私にとっては結構大変でした。講師やコンサルタントの仕事がメインだったのでついアドバイスが先走り、トレーナーに「しゃべりすぎ」と叱られたりもしました。

本来しゃべる仕事を長く続けて来た私は、キャリアカウンセラーにはあまり向かないようにも思い、もっと別の形で人の役に立てないか、コミュニケーションできないかと考えて次に学んだのが、コーチングでした。キャリアカウンセリングは主に傾聴ですが、コーチングは傾聴プラス質問で相手に気づきを与えたり、潜在的な気持ちを引きだして行動に結びつけられるようにサポートするのです。会話を通したコミュニケーションスキルが基本となるので私の性格には向いていましたし、勉強にもなりました。

コーチングを学び、実践して三〜四年も経ったころでしょうか。もっといろいろ学びたいと思い、次に扉を叩いたのが、ＮＬＰ（Neuro-Linguistic Programming の略、日本語では神経言語プログラミング）です。最先端の心理学とも最強のコミュニケーションスキルともいわれており、目標達成や自己成長にも大きな効果があるとされています。

私自身、まだまだ勉強中ですが、これらのスキルをベースにコミュニケーション講座を開いています。人に教える立場ではありますが講座を通して人から教わることも多く、切磋琢磨の日々です。

これまでキャリアカウンセリング、コーチング、NLPと学んできて痛感するのは、コミュニケーションは技術であり、学ぶことができるという事実です。ファッション畑でずっと生きてきた私から見れば、ファッションにも通じる部分があるのです。ファッションも学ぶことができる、と。

人のファッションに関する感性がどう育まれるのか考えてみますと、三割が親から、プラス育った環境だと私は思います。私の両親は一九五〇年代後半に出会い、結婚しました。結婚当時の写真を見ると両親とも洒落者でいわゆるモボ・モガです。幼少期の私の服も、いま思えばおしゃれだったように思います。おしゃれが好きな両親の血を受け継ぎ、育てられた私にはおそらくファッションに対する素地はあったのでしょう。学生時代には百貨店でアルバイトをし、バイト代はそのブランドの服に消えていきました。社会人になり、ファッションのトレンドの最先端に身を置くようになることで、さらにファッションの感性が研ぎ澄まされていったのだと思います。つまり、私は「おしゃれが好き」という素地を両親から受け継いだだけでなく、仕事を通して長年学んできたからこそ今もファッション・トレンドを提供し、人に伝えることができています。

「そうかなあ。私にはセンスがないからファッションはわからない」という声もあるでしょう。確かにセンスは生まれ育った環境や経験から備わるものであり、学ぶのは難しいところもあります。でも、着こなしには法則性があり、それを学ぶことができます。色についても学ぶことができます。それらを学びセンスを磨くことはできるのです。それらの知識やノウハウについて書いたのが、この本です。

本書を読まれたことで、着こなしについて少しでも自信を持ってもらえたらいいな、鏡を見ることが楽しくなったらいいな、苦手だった人とのコミュニケーションがスムーズになったらいいなと思います。読んでくださった方が、よりハッピーに、生き生きとした毎日を送られるようにと心から願っています。

最後に、熱心にご指導いただきました青木皐先生、徳山孝子先生、三〇年来の友人で何度も原稿を読んで本の構成をアドバイスしてくれた河村美千子さん、編集にあたりお力添えをくださいました東方出版の北川幸さんに厚くお礼申し上げます。

そして本書を手に取っていただいた読者の皆様に心より感謝いたします。

参考文献

『エッセンシャル思考──最少の時間で成果を最大にする』グレッグ・マキューン、高橋璃子、かんき出版、二〇一四年
『漢字源（改訂第五版）』藤堂明保・松本昭・竹田晃・加納喜光編、学研、二〇一一年
『今日から使えるNLP』鈴木信市、ナツメ社、二〇一四年
『キレる女懲りない男──男と女の脳化学』黒川伊保子、ちくま新書、二〇一二年
「国民健康・栄養調査結果の概要」平成二六年、厚生労働省
『ここがおかしい菌の常識』青木皐、集英社文庫、二〇〇八年
『自分を知り、自分を変える──適応的無意識の心理学』ティモシー・ウィルソン、村田光二監訳、新曜社、二〇〇五年
『真実の瞬間──SAS（スカンジナビア航空）のサービス戦略はなぜ成功したか』ヤン・カールソン、堤猶二訳、ダイヤモンド社、一九九〇年
『人体常在菌のはなし──美人は菌でつくられる』青木皐、集英社新書、二〇〇四年
『心理学』鹿取廣人・杉本敏夫編、東京大学出版会、一九九六年
『心理学辞典』中島義明ほか編、有斐閣、一九九九年
『スティーブ・ジョブズII』ウォルター・アイザックソン、井口耕二訳、講談社、二〇一一年
『第1感──「最初の2秒」の「なんとなく」が正しい』マルコム・グラッドウェル、沢田博・阿部尚美訳、

光文社、二〇〇六年
『ちぐはぐな身体――ファッションって何？』鷲田清一、ちくま文庫、二〇〇五年
『非言語《ノンバーバル》コミュニケーション』マジョリー・F・ヴァーガス、石丸正訳、新潮選書、一九八七年
『パリ・コレクション――モードの生成・モードの費消』深井晃子、講談社現代新書、一九九三年
『美人の正体――外見的魅力をめぐる心理学』越智啓太、実務教育出版、二〇一三年
『美貌格差――生まれつき不平等の経済学』ダニエル・S・ハマーメッシュ、望月衛訳、東洋経済新報社、二〇一五年
『人はなぜ色に左右されるのか――人間心理と色彩の不思議関係を解く』千々岩英彰、河出書房新社、一九九七年
『ひとはなぜ服を着るのか』鷲田清一、ちくま文庫、二〇一二年
『人は見た目が9割』竹内一郎、新潮新書、二〇〇五年
『ファストファッション――クローゼットの中の憂鬱』エリザベス・L・クライン、鈴木素子訳、春秋社、二〇一四年
『ファッション辞典』大沼淳・荻村昭典・深井晃子監修、文化出版局・文化女子大学教科書部編、文化出版局、二〇〇〇年
『マズローの心理学』フランク・ゴーブル、小口忠彦監訳、産能大学出版部、一九七二年
『ミリオネーゼのファッションルール』ジョン・T・モロイ、八重田暁子訳、ディスカヴァー・トゥエンティワン、二〇〇五年
『ミルトン・エリクソンの催眠療法入門――解決志向アプローチ』W・H・オハンロン／M・マーチン、宮田敬一監訳、津川秀夫訳、金剛出版、二〇〇一年

『モラトリアム人間の時代』小此木啓吾、中公文庫、二〇一〇年
『ヨハネス・イッテン色彩論』ヨハネス・イッテン、大智浩訳、美術出版社、一九七一年
恵庭市ホームページ　http://www.city.eniwa.hokkaido.jp/www/contents/1370228457011/index.html
「『お気に入りの下着』はどんな心理的効果をもたらすのでしょうか?」ワコールココロス
　http://www.cocoros.jp/research/file03.html
「下着ではじめるからだのエイジングケア［バスト編］」ワコール人間科学研究所
　http://www.wacoal-science.com/ageing/
'Shoes as a source of first impressions' Science Direct. com - Journal of Research in Personality
　http://www.sciencedirect.com/science/article/pii/S0092656612000608
「女性の身体意識と生活スタイルに関する調査」ワコールココロス研究会
　http://www.cocoros.jp/data/pdf/cocoros/report/C-R-8.pdf
スクールソーシャルワーカーだより　http://www.nakakomi.com/ssw/
「制服の着崩し実態調査」カンコーホームルームvol.53　http://kanko-gakuseifuku.co.jp
「制服の着崩しと学校イメージ」カンコーホームルームvol.54　http://kanko-gakuseifuku.co.jp
「パジャマと眠りに関する共同実験」オムロンヘルスケア・ワコール
　http://www.healthcare.omron.co.jp/corp/news/2013/0228-02.html
「ママのための初ブラ講座　ファーストブラの選び方」ワコール
　http://www.wacoal.jp/fairytiara/sp/1st_bra.html

年		マーケット背景		ファッション業界		ファッション流行
2010	平成 22	ドバイに世界一の超高層ビル バンクーバー冬期オリンピック 上海で万博開催 東北新幹線開業 子ども手当の支給	新興国の成長	大手 GMS の PB 商品　機能肌着売れる 都市型 SC 出店加速　新業態ショップ 海外系ファストファッション拡大 お洒落なステテコ広がる スポーツインナー市場拡大	小売主導時代	トラッド　クラシック ミリタリー　アウトドア ガールズファッション　ポンチョ 花柄とボーダー　チュチュスカート ナチュラルカラー　キャメル　カーキ
2011	23	東日本大震災が発生 福島原子力発電所事故 北朝鮮の金正日が死去 なでしこジャパン優勝		SC(ショッピングセンター) 駅ビル　ファッションビル 都市型新商業施設　新業態施設 大阪ステーションシティグランドオープン		ワーク＆マリンミックス　チノパンツ 70 年代　プリント　ボーダー 白スカート　マキシドレス ナチュラルカラー　ベージュ　カーキ
2012	24	ロンドンオリンピック 東京スカイツリーが開業「東京ソラマチ」 ダイバーシティ東京プラザ 「渋谷ヒカリエシンクス」 FB、LINE のユーザー拡大		阪急百貨店うめだ本店新築オープン 百貨店が大型専門店や SPA を導入 ユニクロ、無印良品世界市場に拡大 イセタンガール　うふふガールズ		シャーベットカラー　甘くてふんわり レースアイテム　ドレス　セットアップ ダンガリーシャツ　プリーツスカート タトゥストッキング　黒縁メガネ
2013	25	2020 東京五輪決定 アベノミクス消費 富士山世界遺産 伊勢・出雲ブーム		グランフロント大阪オープン 大型セレクトショップの新業態店舗 H&M など外資系 SPA の出店ラッシュ スポーツウエアやインナーの市場拡大		ヤングの花柄パンツ　ミセスの柄パンツ メンズのスーパークールビズ　短パンツ カーディガンのプロデューサー巻き プレッピースタイル　デッキシューズ
2014	26	消費税 5% から８％に増税 あべのハルカス日本一高いビル開業 妖怪ウォッチ、アナと雪の女王人気		JR 大阪三越伊勢丹ルクアと一体化再編へ H2O リテーリングとイズミヤ経営統合へ ワールドなど大手アパレルの SPA 化加速 エシカルファッションアイテム拡大		ミモレ丈スカート　白パン オフショルダー　ギンガムチェック スポーツエッセンス　スリッポン チェック、カモフラージュ柄人気続く
2015	27	北陸新幹線開業 マイナンバー制度スタート ふるさと納税		JR 大阪三越伊勢丹後にルクアイーレが開業 インバウンド需要拡大　爆買いが話題に スポーツメーカーとアパレルのコラボ ドメスティックブランド　国産で価値訴求		エフォートレス(ゆるさ)ノームコア(定番) オールホワイト　デニム on デニム ガウチョパンツ　コンビネゾン ロングカーデガン　メンズソフトジャケット

参考 : Fashion Color Handbook 戦後のファッションと流行色 1945-2002
（ＣＤデータ）財団法人日本流行色協会、2003年

年		マーケット背景		ファッション業界		ファッション流行
2000	平成 12	沖縄サミット 三宅島噴火 大規模小売店立地法施行 容器包装リサイクル法施行 介護保険導入 雪印乳業食中毒事件 シドニーオリンピック		そごう民事再生法申請 長崎屋民事再生法申請 JR 東海高島屋開業 アウトレットモール広がる 関西エレガンス流行 ユニクロ、全 51 色フリース展開	ニューアダルト新大人服	ローライズジーンズ人気 神戸エレガンス人気 ニュートラ、クラシックブーム 新大人服・アダルトカジュアル ユニクロのフリース・マイクロファイバー カラフルカラー復活オレンジ・グリーン 毛糸パンツ　ピンク系人気
2001	13	失業率 5% 米国多発テロ 中国 WTO 加盟 構造改革 沖縄ブーム デパ地下グルメ 皇太子妃雅子様ご出産	消費の2極化	セブン-イレブン・ジャパンが小売業売上首位に マイカル会社更生法申請 表参道に海外高級ブランド店が続々オープン リメークファッション プレミアムジーンズ流行 快適機能素材		コンサバエレガンススタイル ワンダーランド系・ダサカワイイ 「ミュール」つっかけサンダル大流行 ツープライス紳士スーツ　白シャツ シンプルカラー・白黒・ベージュ カラフルな水玉・ストライプ
2002	14	円高・株価低下 拉致被害者帰国 写メール ドッグカフェ ソルトレイク（冬期）オリンピック		ウォルマート日本進出 東京丸ビル開業 神戸コレクションスタート ファッション企業の倒産相次ぐ トランスペアレンス（透ける）素材		ローティーンファッション人気 ロマンチックボヘミアン流行 スポーツミックス・ハッピーイメージ 白のファー付きコート　ニット帽 コットン・デニム・麻・花柄・水玉 ピュアホワイト・ベージュ・ネオンカラー
2003	15	米軍、イラク攻撃 個人情報保護法成立 新型肺炎 SARS		六本木ヒルズ開業 西武百貨店、そごう経営統合 中小企業繊維製造業者自立事業始まる 伊勢丹本店メンズ館改装 老舗ブランド、新デザイナーでリニューアル	上質化と雑貨トータル	ロマンチックボヘミアン流行 大人のタウンカジュアル 単品コーディネート ミセスのカットソー・デニム充実 低価格カシミアセーター
2004	16	三菱自動車、西武鉄道など、 大企業のモラル問題に 鳥インフルエンザがアジアに広がる 消費税の総額表示実施 新潟中越地震	消費の2極化薄らぐ	カネボウ産業再生機構支援要請 ダイエー産業再生機構支援要請 JFF イン上海 銀座にスーパーブランド出店ラッシュ 名古屋嬢ファッション人気に		セレブファッション流行 メンズの美脚パンツ登場
2005	17	郵政選挙 中国各地で半日デモ ライブドアによる日本放送株買収騒動		中国・欧米の繊維貿易摩擦 第 1 回 JFW 開催 東京ガールズコレクション メディアコミックス広がる		ちょいワルオヤジ クールビズ メンズファッション活気 厳寒でコート活況
2006	18	年金問題 日銀ゼロ金利を解除 夕張市、財政破綻 原油高騰始まる	景気回復	セブン&アイ、ミレニアムリティングを完全子会社化 阪急ホールディングス、阪神百貨店を傘下に イオン、ダイヤモンドシティを子会社化 CanCam 系モデル人気 ネット販売活況 表参道ヒルズ開業	ボトム変化で着こなす	モテ系ファッション、愛され服 スウィートフェミニン ボリュームスカート クロップドパンツ お兄系が台頭
2007	19	日本経済政策不況 改正まちづくり 3 法施行 社会保険庁・消えた年金問題 ワーキングプア ネットカフェ難民 2007 年問題 米国経済失速 サブプライムローン	流通再編	大丸、松坂屋ホールディングス経営統合 三越、伊勢丹経営統合を発表 新丸ビル開業 東京ミッドタウン開業 JR 有楽町駅前再開発 百貨店の再編進む		女優スタイル・女優コート チュニック・ワンピース・ドレス バギー・クロップド・スリムパンツ カラーコーディネート重視 ミセスのニュアンスカラー クラシック・トラディショナル
2008	20	秋葉原通り魔事件 サブプライム問題 リーマンショック 原油高　食品価格上がる 食品偽装事件 北京オリンピック		H&M 銀座に一号店 百貨店不振　ユニクロ最高の売上高 エントリープライス　裾値を下げる モードからファストファッションへ 阪急百貨店メンズ館オープン 三越伊勢丹ホールディングス発足	ミックスファッション	エコ素材　リサイクル素材 チュニック　ワンピース　ファー カラーパンツ　ショートパンツ　スパッツ エスニック　ボヘミアン　プレッピー かわいい　カッコいい　気持ちいい パープル　ベリーカラー
2009	21	バラク・オバマアメリカ合衆国大統領就任 日経株価バブル経済崩壊後最安値更新 裁判員制度スタート マイケル・ジャクソン死去 石川遼が史上最年少賞金王		海外系 SPA ファストファッション拡大 フォーエバー 21　原宿に 1 号店 低価格 PB 商品拡大　990 円ジーンズ ユニクロがジルサンダーと提携 ユニクロの機能インナー「ヒートテック」 スポーツアンダーウエアー市場拡大		80 年代　ミリタリー　ワークミックス エレガンスカジュアルからゆるいカジュアルへ ボトム変化で着こなす　プレッピーアイテム アウトドア「森ガール」　山男ファッション メンズインナー多様化 モノトーン　ネービー　白ジャケット

年		マーケット背景		ファッション業界		ファッション流行
1990	平成 2	海外旅行者１０００万人突破 東西ドイツ統一 株暴落 リゾートホテル戦争 国際花と緑の博覧会		ユナイテッドアローズ１号店オープン 関西ワールドファッションフェア開催 ラルフ・ローレン人気上昇	単品コーディネートカジュアル	スタンダードな定番服 スポーティテイスト、ショートボトム グレイッシュなナチュラルカラー人気 紺ブレブーム
1991	3	湾岸戦争始まる ソ連崩壊 バブル崩壊、平成不況始まる 雲仙普賢岳で火砕流 証券スキャンダル イトマン事件	複合不況	トイザらス日本１号店 エコロジーファッション台頭 ジュリアナ東京オープン、ボディコンブームへ 新合繊、新世代ウール、UV カット		‘60〜’70　ファッション人気 「渋カジ」から「キレカジ」へ 白のポロシャツ、マドラスパンツ ロングジャケットにショートスカート ネービーブルーブレザー（紺ブレ）大流行
1992	4	地価税導入　地価下落 改正大店法執行 山形新幹線開業 バルセロナオリンピック EC 統合		ブランド衰退、カジュアル化 IFI 人材育成構造発足 神戸ハーバーランド開業 新機能素材に注目		フレンチカジュアル人気 ミニスカート、ワンピース流行 イージーパンツ大流行 単品カジュアル主流へ
1993	5	EU（欧州連合）発足 北海道南西沖地震 J リーグ発足 55 年体制崩壊 コメ部分解放決定	低価格化	グランジルック登場 ブリッジラインに注目 ポリエステル長繊維“戦争” 郊外型紳士服専門店広がる ワールド「オゾック」で SPA 参入 コムサデモードイズム１号店オープン	ギャル系・セクシー系・ビジュアル系服	裏原話題　スラウススタイル流行 ナチュカジ、グランジ、リサイクル 30 代大人の女性ブランド「23 区」 グレー、白、黒、モノトーン主流 エコメッセージのファッション登場 ホワイト、ベージュ流行
1994	6	１ドル＝100 円時代 NAFTA（北米自由貿易協定）発行 企業のリストラ強化 松本サリン事件 三陸沖地震 米不足		団塊ジュニア市場広がる 恵比寿ガーデンプレイス、オープン 東京コレクションに新人デザイナー大量デビュー 伊勢丹本店「解放区」開設		エレガンス女らしいイメージ 「シャネラー」「コギャルファッション」 高級ブランドの低年齢化 形態安定のメンズシャツ J リーグ観戦ファッション
1995	7	阪神淡路大震災 地下鉄サリン事件 携帯電話普及 価格破壊 アジア台頭・円高	円高・デフレ	ヤオハンジャパン倒産 平成ブランドブーム ギャップジャパン１号店オープン		へそ出し、パンツ出し、女装登場 「フライデーカジュアル」オンオフクロス チビ T、ツインニット、ダウンコート ツルツル、フワフワ、ノビノビ素材 濃い茶流行
1996	8	住専、金属、不良債権問題 O-157 集団中毒 アトランタオリンピック		第一回アジア化繊会議 百貨店戦争　新宿高島屋開業 伊勢丹、阪急百貨店提携 キャナルシティ博多開業 東京ビッグサイド開業 セレクトショップ急増		シルエットがスリム化 リアルクロージング・アムラースタイル ブランドブーム再燃・ブリッジブランド注目 コギャルのルーズソックス大流行 モノトーン主流　ネイルアート
1997	9	規制緩和・自由化 IT 関連市場の拡大 アジア通貨危機 消費税 3%から 5%へ 香港、中国に返還 金融・証券会社の破綻 たまごっち流行		鈴屋倒産 オオコシ倒産 ジーンズファッション復活 京都駅ビル開業 亀戸サンストリート完成 ギャル系セクシースタイル人気		裏原宿ストリート系人気 メンズのクールカジュアル 手作り・リサイクル・シノラースタイル アジア・オリエンタルブーム 70〜80 年代リバイバル・デニム復活 モノトーンからカラー復活へ パープル、ワイン流行
1998	10	個人消費・雇用低迷 長野冬期オリンピック 明石海峡大橋が開通	景気後退深刻化	第一回ジャパン・クリエーション開催 服地卸の倒産相次ぐ SC が本格台頭 アウトレット広がる	SPAブランド続々登場	白コート コギャル系、厚底サンダル セクシー系・キャミソール流行 自然素材の復権 ネールアート流行 ヌード（ベージュ）スチール（グレー）
1999	11	アメリカ経済好調 2000 年問題 欧州単一通貨「ユーロ」誕生 世界人口 60 億人を突破 会計ビッグバン始まる		東急百貨店日本橋店閉鎖 ユニバーサルファッション協会発足 カリスマ店員が流行語 低価格衣料・雑貨トータル		ネオギャルファッション 渋谷 109 系ココルル・エゴイスト ヤマンバブーム　厚底ブーツ流行 パシュミナショール・付け毛 キレイ目カラー・パステルカラー人気

年		マーケット背景		ファッション業界		ファッション流行
1980	昭和 55	イランイラク戦争 自動車生産 1000 万台突破、米国を抜き世界一 校内暴力、家庭内暴力が急増 ルービックキューブ流行	成熟期	無印良品登場 DC ブランド注目 日本訪問販売協会発足 ハイテク、白黒ブーム	海外ブランドブーム	ダウンジャケット流行 ロゴ入りトレーナー パーティー OK ディナージーンズ大流行 アイビー、ハマトラ、ニュートラ プレッピーファッションが混在
1981	56	神戸ポートピア 81 チャールズ皇太子、ダイアナ妃結婚 クリスタル族登場 スペースシャトル成功		東京コレクション発足 ららぽーと開業 川久保玲、山本耀司パリコレ参加 ミラノファッション急浮上 インベストメントクロージング流行		T シャツドレス流行　古着ブーム ジャズダンスブーム、レッグウォーマー ワコールのシェイプパンツ大流行
1982	57	三越事件 東北、上越新幹線開業 ホテル・ニュージャパン火災 フォークランド紛争英勝利		パリ・コレクション日本 11 人参加 カラス族登場　黒とグレー アルマーニ、ベネトン注目 日本アパレル産業協会設立（同協議会を発展解消）	DC ブランドブーム	プアルック話題 イタ（リアン）カジ（ュアル）ブーム ストーンウォッシュのブルゾン チノパン、ニッカポッカ、ポリパン 東京コレクション DC ブーム
1983	58	ソ連空軍機、大韓航空機を撃墜 東京ディズニーランド開業 軽薄短小時代 おしんブーム	不確実性期	景気回復の兆し 日本通信販売協会設立 大丸梅田店開業 天然繊維志向		シンプルファッション　アニエス・b に注目 モノトーン、生成流行 穴あき、ボロルックが人気 ピンクハウスの花柄水玉人気 無印良品の自然感覚がヒット
1984	59	グリコ森永事件 ロサンゼルス五輪 アフリカ救済深刻化		オンワード樫山ファッションクリエーターズ大賞創設 有楽町マリオン開業 ボディコン浮上 あこがれのハウスマヌカン		オリーブファッション アンドロジーナスファッション台頭 マリーンファッション白とネイビー 大正ロマンニューきものヒット
1985	60	科学万博つくば 日航ジャンボ機墜落 プラザ合意、円高へ ファミコン人気 南ア非常事態宣言		東京デザイナーズ協議会設立「東京コレクション」始まる 台湾のポリエステル生産、日本抜く 横浜そごう開業		ゴルチエ、アンドロジナスルック シャネル調スーツ、ワンレングスヘアー お嬢ファッション流行 DC ブランド大人気、バーゲン長蛇 パステル調とピンクがヒット
1986	61	チェルノブイリ原発事故 前川レポート、内需拡大へ 男女雇用機会均等法施行 狂乱物価、年末からバブル景気		上品な大人服 繊維品輸入、初めて輸出を上回る インポートブーム始まる イタリアファッションに注目 カットソー広がる	ニューリッチ服	上品大人服への志向高まる ボディコンシルエット登場 夏の白、冬の黒、モノトーンピンク ミニスカート復活、リボン、髪飾り
1987	62	ブラックマンデー NY市場暴落 日米貿易摩擦深刻化 東京地価高騰 国鉄分割、民営化　JR 発足	円高　バブル景気	韓国のポリエステル長繊維生産、日本抜く DC ブランドブームにかげり オートクチュール系ブランド人気		ワンクラス上の大人服志向 アメリカンカジュアルの台頭 ワンピース、スーツの人気高まる ビビッドカラーのボディコン服
1988	63	リクルート事件 牛肉・オレンジ輸入自由化 青函トンネル、瀬戸大橋が開通 ジャパンバッシング イランイラク戦争停戦　ソウル五輪		ミラノファッションに注目 日本専門店協会発足 東急文化村設立 新合繊ブーム始まる 渋カジブーム	インポート服期	渋カジ若者に人気 イタリアのインポート服 ラベンダー（ポロシャツ、カットソー） アルマーニのナチュラルコンシャス
1989	平成 1	昭和天皇崩御 年号平成に 消費税 3%実施 中国天安門事件 幕張メッセ開業 ベルリンの壁崩壊		イタリアンブランド人気 原宿アパレル協議会発足 関西ワールドファッションフェア開催 新合繊続々開発		フェミニン志向、ソフトコンシャス アウトドア、カントリーヒット アルマーニ風スーツ ラルフ・ローレン正統派ブランド エコロジーカラー

年		マーケット背景		ファッション業界		ファッション流行
1970	昭和45	日本万国博覧会大阪 日航機よど号、ハイジャック いざなぎ景気終わる	列島改造景気	日本繊維産業連盟設立 ファッションビル時代へ 洋裁学校の生徒 100 万人超える レイヤードファッション		T シャツにジーンズのスタイル サファリルック人気 シースルー、ノーブラ流行 ミニ、ミディ、マキシスカート つけまつ毛、アイシャドー、アイライン ロングブーツ、ナチュラルカラー
1971	46	ニクソンショック ドルショック 円切り上げ 日米繊維協定調印 インド・パキスタン戦争		アンノン族出現 「質素革命」自然素材志向	ジーンズファッション全盛	ジーンズ、ホットパンツ、カラーシャツ流行 ビキニ水着流行 ジーンズやアウトドアウェア ボトムス多様化、ホットパンツ登場
1972	47	日中国交回復 札幌冬期オリンピック 浅間山荘事件 沖縄復帰 列島改造ブーム パンダブーム ミュンヘン五輪 米ウォーターゲート事件		マンションメーカー台頭 日本フランチャイズチェーン協会発足 ダイエー、小売業売上高トップに 原宿、青山のブティック、メーカー登場 ブティックが人気に		クラシカルエレガンス流行 マリンルック流行 フォークロアファッション流行 サファリルック、アーミールック流行 20 年代、50 年代レトロファッション ニュートラルカラー流行
1973	48	米、ベトナム和平協定調印 円変動相場制移行 第 1 次オイルショック トイレットペーパー騒ぎ 金融引締めで繊維相場急落 大規模小売店舗法公布		合繊 8 社メンズニットキャンペーン アパレルメーカー急増 マンションメーカー急増 渋谷パルコ開業 日本ショッピングセンター協会発足		ジーンズのウォッシュアウト流行 ロングスカート、ニット流行 ホームソーイング、ハンドメイド熱 若い男性のハイヒールブーツ ナチュラルカラー、アースカラー流行
1974	49	セブンイレブン 1 号店オープン 企業連続爆破事件相次ぐ 雇用問題深刻化、失業者 75 万人 経済成長、戦後初のマイナス 上半期狂乱物価、下半期反動不況 ベルばらブーム ニクソン大統領辞任		高田賢三、三宅一生、山本耀司、 川久保玲ら内外で活動始まる		フォークロアファッション復活 毛皮コート流行 エスカルゴスカート流行 男性のスリーピース流行 木綿など天然素材志向 ナチュラルカラー、アースカラー
1975	50	ベトナム戦争終結 山陽新幹線、博多へ 沖縄海洋博 戦後生まれ過半数		紡協、化繊協 120 社不況カルテル 高田賢三のレイヤードルック 第 1 回 TFW（東京ファッションウィーク） ファッションビル建設盛ん 資生堂「ザ・ギンザ」オープン		オフボディのワンピース、中国服 タータンチェック女性に流行 トレンチコート　ブーツ流行 ジョーゼットブーム 茶系、カーキ色ヒット　JJ 創刊
1976	51	ロッキード事件 ニューファミリー登場 キャリアウーマンの台頭 スーパーカーブーム 宅配便始まる	低成長期	繊維産地苦境 第 1 回東京ストッフ（素材屋） 東急ハンズ 1 号店オープン	スポーツファッション拡大	エスニックファッション流行 アウトドアの着こなしアピール ダウンウェア、マウンテンパーカ チープシック志向、ダウンタウンのつなぎ ポパイ創刊
1977	52	円高不況 円急騰 経済白書「1 億総中流化の始まり」 カーター大統領就任 日航機ハイジャック事件 ジョギングブーム		短繊維紡績糸不況カルテル 繊維企業倒産旋風 伊藤忠、安宅産業吸収		レイヤードルック流行 アクティブスポーツウェア流行 ベスト流行　ニューミニスカート スポーツアイテム（スニーカー、リュック） ロマンティック志向（ティアードスカート） カラータイツ、コーデュロイパンツ スポーツ、アウトドア人気
1978	53	成田空港開業 日中平和友好条約調印 ベトナムのボートピープル急増 竹の子族が原宿に登場		ラフォーレ原宿開業 サンシャイン 60 オープン VAN 倒産、花咲倒産 合繊不況カルテル ニューハマトラ		ディスコファッション人気 ニューヨーク、ロンドンのパンク話題 サーファールック、レインボーカラー スポーツブランド台頭 タンクトップ、ストラップレスブラ
1979	54	第 2 次オイルショック 米スリーマイルで原発事件 インベーダーブーム ソニー「ウォークマン」発売	成熟期	「省エネルック」キャンペーン ファッションのスリム化へ 日本アパレル産業協議会設立		ニュートラ（トリコロール）大流行 ハマトラ（パステル）大流行 プレッピー、省エネルック ラコステのポロシャツ大ヒット

年		マーケット背景		ファッション業界		ファッション流行
1960	昭和 35	安保闘争 東京 1000 万人都市へ 池田内閣「所得倍増計画」 ダッコちゃん、ツイストブーム カラーテレビ登場 ケネディ大統領に就任		中村乃武夫、パリで初の日本人ショー ヤングファッション台頭 三越、伊勢丹がクレジット販売開始 百貨店のカラーキャンペーン始まる	キャンペーン主導型	アイビールック登場 ミニスカート　ヒップボーン プリーツスカート流行 ジーパン、落書きシャツ流行 バルキーセーター流行 ササールコート流行
1961	36	交通戦争 岩戸景気終わる 原綿、原毛の輸入自由化 レジャーブーム始まる ベルリンの壁構築		「テトロン」半袖シャツキャンペーン 資生堂からサンオイル発売		ムウムウ流行 メンズ「ホンコンシャツ」流行
1962	37	キューバ危機 オリンピック景気始まる スーパー進出 ツイスト流行	流通革命	カラーキャンペーン続々 レジャーウエアの着こなし		ボーイッシュルック流行 ロングコート流行 カンカンドレス大流行 シームレスストッキング大流行 シャーベットトーン フルーツカラー フラワーモード流行
1963	38	米ケネディ大統領暗殺 ボーリングブーム		東京コレクションズグループ結成 全日本百貨店共同仕入れ機構発足 西武百貨店池袋店火災 ウメダ地下センター開業 ジャージ素材広がる	ヤングファッション台頭	バカンスルック、セパレート水着 ニットスーツ、オリエンタル柄 ワイシャツのサイズ拡大 プレタポルテショー オリーブ、モスグリーン、生成流行
1964	39	ベトナム戦争にアメリカ介入 東海道新幹線開業 東京オリンピック OECD 加盟 新潟地震 銀座みゆき族	オリンピック景気	国際羊毛事務局「ウールマーク」制定 新宿駅ビル・マイシティ開業		アイビーファッション流行 VAN、JUN「みゆき族」スタイル バミューダー、シフトドレス オリエンタルルック、カラー シフトドレス流行
1965	40	40 年不況からいざなぎ景気へ エレキブーム モンキーダンス流行 ベトナム戦争		紡績第一次不況カルテル パンティーストッキング流行 三陽商会「バーバリー」契約 森英恵、ニューヨークで初のコレクション		マリークワントのミニスカート クレージュのオプティカルアート柄 サンローラン「モンドリアンルック」 トリコロール、淡い色、白黒
1966	41	日本人口 1 億人突破 中国で文化大革命 ザ・ビートルズ来日 フォークソングブーム始まる	いざなぎ景気	原宿族広がる ミリタリールック流行		「モッズルック」流行 細身のジャケット、スラックス、柄シャツ ミニスカート普及、ロングブーツ流行 ヤングサラリーマン「ダークスーツ」
1967	42	ヨーロッパ共同体 (EC) 発足 ASEAN(東南アジア諸国連合) 結成 自動車保有台数1000万台突破 四日市喘息公害訴訟 ヒッピー、フーテン族登場 ゴーゴーブーム		英モデル、ツイギー来日、ミニブーム ピーコック革命 東レ、帝人カラーシャツキャンペーン 日本チェーンストア協会発足 名古屋専門店ビル、メルサ開業 プレタポルテ全盛時代へ		パンタロンスーツ登場 ヒッピー、ミリタリールック登場 ミニスカートピークになる ピーコック革命、カラーシャツ
1968	43	大学紛争激化 3 億円事件 メキシコオリンピック		ヒッピーファッション流行 新宿伊勢丹に「男の新館」オープン		ポップアート柄、ポップファッション サイケデリックファッション流行 パンタロン全盛、スカート多様化 メンズファッションユニセックス化
1969	44	アポロ 11 号月面着陸 「オオーモーレツ」が流行		池袋パルコ開業 玉川高島屋開業 既製服のシェア急増		レイヤード、フォークロア マキシドレス、マキシコート流行 クレージュがシースルー発表 ジーンズが本格的に流行 ベストやベルトが人気

年		マーケット背景		ファッション業界		ファッション流行
1945	昭和 20	第二次世界大戦終結 財閥解体 買い出し列車　ヤミ市	復興期たけのこ生活	軍服、復員服、国民服、標準服 (45～47年)	アメリカンスタイル模倣	モンペ、パンパンルック 「贅沢は敵だ」軍服のカーキ 原色調のアメリカンカラー
1946	21	憲法交付 第二次農地改革 衣料品のヤミ市全国に広がる GHQ、軍国主義者の公職追放		大阪で戦後初のファッションショー 洋裁熱高まる、洋裁学校急増 クラレ、ビニロン生産開始 ゼンセン同盟結成		ゆかたやきもの生地の厚生服 水玉・ストライプ流行 伊藤茂平のスタイルブック刊行 文化服装学院「装苑」刊行
1947	22	日本国憲法施行 電力危機		衣料切符制始まる ディオール、パリモード界に登場 全国主要都市で現金問屋創業相次ぐ		ミリタリールック ショートコートにショートスカート ロング丈のフレアスカート
1948	23	福井大地震 斜陽族 米国の放出品出回る 朝鮮民主主義人民共和国成立		日本紡績協会設立 日本羊毛紡績会設立 日本化学繊維協会設立 日本百貨店協会設立 日本デザイナークラブ結成		フリル、ペプラムデザイン リーゼントヘアー人気 アロハシャツ流行 電気パーマ
1949	24	1ドル=360円の単一為替レートへ 東西ドイツ分割 中華人民共和国成立		百貨店で紳士イージーオーダー開始 婦人雑誌で編物ブーム 大阪のデパートに化粧品売場登場	ファッション波及	トッパー(短いコート)にスラックス パステルカラー流行(49～52年) 「ドレスメーキング」創刊
1950	25	織物消費税撤廃 朝鮮戦争勃発 ガチャマン景気 糸へん　金へん景気	特需景気	アメリカンスタイル流行 映画「赤い靴」　シネモード		大柄プリント アコーディオンプリーツスカート ワイシャツ留め(アームレット) 赤い靴人気 「男子専科」創刊
1951	26	バラック撤去本格化 サンフランシスコ講和条約締結 衣料品配給制撤廃 繊維相場急落		糸へんブームから反動不況へ 東レ、米デュポンとナイロンに関する技術契約		パステルカラー流行 ナイロンストッキング登場 田中千代、ニュー着物発表
1952	27	住民登録 十勝沖地震 血のメーデー事件 ヘルシンキオリンピック		綿紡4割操短 ワコール、大阪阪急で下着ショー 東京ファッションモデルクラブ結成 シームレス・ストッキング上陸		ビニール・レインコート流行 ナイロン製のブラウス大流行 トッパーコート たばこのピースのパッケージカラー話題
1953	28	八頭身美人ブーム 真知子巻きブーム NHKテレビ本放送開始		日本流行色協会発足		ディオールのニュールック上陸 ペチコート、ブラジャーブーム プリンセスライン流行
1954	29	神武景気始まる ベトナム南北分割		アメリカ向け1ドルブラウス急増 オードリー・ヘップバーンスタイル オンワード背広のイージーオーダー開始 初めての靴のファッションショー		ヘップバーンカット、サブリナパンツ ディオールS(春夏)H(秋冬)ライン発表 ダスターコート流行
1955	30	GATT(関税及び貿易に関する一般協定)に加盟 繊維製品品質表示法施行		落下傘スタイル流行 日本デザイナー協会設立 ディオール人気続く	パリモードライン	チュニックスタイル人気 ディオールA(春夏)Y(秋冬)ライン発表 プリンセスライン流行
1956	31	日本、国連加盟 百貨店法(床面積制限など) 経済白書(もはや戦後ではない) 太陽族ブーム	神武景気	マンボの流行、ファッションにも影響		ジャンパー、ポロシャツ、ジーンズ フレアースカート、ダスターコート マンボズボン、アロハシャツ ビタミンカラー　石原慎太郎刈り
1957	32	神武景気終わる 対米綿製品輸出規制へ 南極観測隊、昭和基地建設開始 ソ連人工衛星打ち上げ		ディオール急死 サンローラン、カルダン、ニナリッチ活躍 主婦の店「ダイエー」1号店オープン 帝人、東レ、英ICIとポリエステル技術契約 ポリエステルの生産開始		カリプソスタイル流行 赤のレインコート
1958	33	日本貿易振興会(JETRO)発足 1万円札発行 東京タワー完成 「ミッチースタイル」大流行 フラフープ流行、ロカビリー流行 米人工衛星打ち上げ		政府、繊維不況対策 ピエールカルダン来日		プリントブラウス流行 サックドレス流行 下着のカラー化進む モーニングスターブルー流行
1959	34	皇太子ご成婚 伊勢湾台風 メートル法実施 キューバ革命 マイカー元年　消費革命	岩戸景気	黒ブームはじまる 東レ、黒のスキーウェアキャンペーン 映画「3月生まれ」ササールコート話題		シャネルルック流行 Vネックセーター、バラの花柄 ミッチーブーム、テニスウエア話題 チャコールグレー流行

ファッション関連年表

高田敏代（たかだ・としよ）
1958年、京都生まれ。祖父は清水焼三代目陶工眞清水藏六。
短大卒業後、繊維商社に就職。ＯＬをしながら、レイデザイン研究所の夜学でファッションマーケティングなどを学ぶ。同研究所でファッションコンサルタント専門職の勤務を経て、1986年、有限会社スタイリングオフィス・コアを設立し独立。独自のマーケティング手法で、企業のファッション商品企画開発に携わる。また、百貨店をはじめ企業の人材育成に取り組み、現在は大学の講師も務める。
▪資格
㈶日本色彩研究所指導者認定
東京商工会議所カラーコーディネーター１級
米国CCEincよりGCDF-japanキャリアカウンセラー認定
生涯学習開発財団認定コーチ資格
米国ＮＬＰ協会認定トレーナーアソシエイト
予防医学食養生士、薬膳食療法専門指導士

ファッションコミュニケーション――魅せる服

2016年8月25日　初版第1刷発行

著　者――高田敏代
発行者――稲川博久
発行所――東方出版(株)
〒543-0062 大阪市天王寺区逢阪2-3-2
Tel. 06-6779-9571　Fax. 06-6779-9573
装　幀――森本良成
印刷所――亜細亜印刷(株)

乱丁･落丁はおとりかえいたします。
ISBN978-4-86249-267-8